Marokkanische Küche

Traditionelle Gerichte
aus dem Orient

Ghillie Başan

Marokkanische Küche

Traditionelle Gerichte aus dem Orient

EDITION XXL

Inhalt

Moderne Kochkunst
mit alten Wurzeln 6

Aromen und Zutaten 10

Mezze und Suppen 16

Street Food 32

Geröstetes, Gegrilltes
und Gebratenes 44

Salate und Beilagen 58

Süßigkeiten, Gebäck
und Getränke 68

Register 80

Bitte beachten Sie:

• Wenn Sie eine der angegebenen Zutaten in den übli-
chen Fachgeschäften nicht finden, können Sie diese im
Internet über den Fachhandel erwerben.

• Die angegebenen Backtemperaturen gelten für Backöfen
mit Ober- und Unterhitze. Wenn Sie mit Umluft
backen, muss die Temperatur um 20 Grad reduziert
werden (Beispiel: 180 °C Ober- und Unterhitze = 160 °C
Umluft). Generell gilt, dass die Heizleistung von
Backöfen trotz gleicher Temperatureinstellung variieren
kann, je nach Hersteller und Modell.

• 1 TL (Teelöffel) = ca. 6 g
  1 EL (Esslöffel) = ca. 12 g

Moderne Kochkunst mit alten Wurzeln

Es gibt gewisse Regionen in der Welt, die mir sofort Appetit machen, wenn ich an sie denke. Marokko mit seiner unverwechselbaren Küche gehört zweifellos dazu. Die aufregende Kombination von süßen und scharfen Aromen und die großzügige Verwendung von mannigfaltigen Gewürzen wie Kreuzkümmel und Koriander, Honig und Ingwer, Safran und Zimt, Chili und Kurkuma, Oliven und eingelegte Zitronen ergeben hier eine inspirierende und wohlschmeckende Mischung, die ihresgleichen sucht. „Unsere Küche ist die duftende Seele unserer Kultur", sagte einst aus gutem Grund der in Marokko geborene Schriftsteller Edmond Amran el Maleh. Und nicht zuletzt ist die marokkanische Küche auch ein faszinierender Spiegel der Geschichte eines Landes, das immer wieder von Invasoren heimgesucht wurde, die auch in kulinarischer Hinsicht ihre Spuren hinterlassen haben.

Marokko ist ein weites Land, bestehend aus staubigen Wüsten und rauen Gebirgen, fruchtbaren Ebenen und langgezogenen Küsten, gesäumt von Mittelmeer und Atlantik. Unverkennbar in der modernen marokkanischen Küche sind die Spuren der Vergangenheit – ob es sich nun um traditionelle Gerichte handelt, die man schon seit Jahrtausenden isst, oder um Einflüsse, die durch unterschiedlichste Kulturen und einen florierenden Handel hinzukamen.

Die ersten Menschen des Maghreb – was im Arabischen für die Länder Nordafrikas steht – lebten wahrscheinlich als Jäger und Sammler in der Sahara. Die schriftlich belegte Geschichte des Landes beginnt um 1100 v. Chr. mit den Phöniziern, die an den Küsten Handelskolonien

errichteten, in denen sie beispielsweise mit Safran handelten, das im alten Ägypten als Färbemittel verwendet wurde. Da die meisten ihrer Kolonien an wehrbaren Landspitzen lagen, hatten sie wahrscheinlich wenig Kontakt mit den seit Urzeiten heimischen Berbern, die eher in den fruchtbaren Ebenen des Hinterlands oder in den rauen Bergregionen wohnten und von Honig, Bohnen, Linsen und Weizen lebten. Später kamen die Karthager, welche die afrikanischen Handelsrouten übernahmen und einige Häfen zu blühenden Städten ausbauten, Getreide und Trauben exportierten und sogar ihre eigenen Münzen prägten. Karthago jedoch wurde in den Punischen Kriegen von den Römern geplündert, und diese verleibten die Region des heutigen Marokko ihrem Reich als Provinz Mauretanien ein. Noch später, als die römischen Legionen sich wieder zurückzogen, übernahmen die Vandalen die Macht im südlichen Spanien und kontrollierten auch einige der nordafrikanischen Häfen, bevor auch sie wiederum von den Byzantinern besiegt wurden. Keines dieser Völker sollte jedoch einen so prägenden Einfluss auf die Region und seine kulinarische Geschichte ausüben wie die neue Großmacht, die im Osten heranwuchs – die Araber und der Islam. Nicht lange nach dem Tod des Propheten Mohammed im Jahre 632 n. Chr. zogen die Araber in den Maghreb und brachten umwälzende Veränderungen mit sich, und mit dem Islam bekehrten sie die Bewohner auch zu der damit verbundenen kulinarischen Kultur. Was sie mitbrachten, waren die verschiedensten Gewürze aus dem Osten, Reis aus Indien, die persische Gewohnheit, in Eintopfgerichten Fleisch und Früchte zu kombinieren, die Idee der duftenden Würzbrühe und die Tradition der Mezze – also der gemischten Vorspeisen.

In Algerien leisteten die Berber, darunter integrierte Juden und koptische Christen aus Ägypten, noch eine Weile Widerstand, aber schon in der ersten Hälfte des

Lehmbauten sind typisch für die marokkanische Architektur.

8. Jahrhunderts hatten die meisten Menschen sich zum Islam bekehrt und war Nordafrika faktisch unter arabischer Herrschaft. Mit ihren unter den Berbern angeworbenen Rekruten begannen die Araber nach neuen Territorien zu suchen, die sie erobern und deren Bevölkerung sie zu ihrem Glauben bekehren konnten, und wie schon bei den Römern und Byzantinern vor ihnen, war ihr Hauptaugenmerk auf Spanien gerichtet. Dies war der Beginn einer einschneidenden und lang anhaltenden Entwicklung, die die kulturelle und kulinarische Einflussnahme der Mauren (eigentlich Menschen, die von Berbern abstammen und sich mit Arabern vermischt haben) auf Südspanien, Portugal und Sizilien zur Folge hatte. Zu der Zeit, als Kolumbus in Amerika landete, wurden die Mauren gezwungen, von al-Andalus (Andalusien) nach Marokko zurückzukehren, und sie brachten die kulinarischen und kulturellen Eigenheiten mit, die sie in Spanien erworben hatten. Ausgehend von Tanger und Tetouan, breiteten sie sich rasch an die Höfe von Fez und in südlicher Richtung nach Marrakesch aus. Als später das osmanische Reich Nordafrika in Besitz nahm, war die marokkanische Küche bereits etabliert, sodass die verfeinerte Küche der Paläste Istanbuls sie nicht mehr veränderte, sondern nur bereicherte.

Heute kann man Marokko als kulinarische Oase bezeichnen. Im Norden des Landes, mit Städten wie Tanger und Tetouan, ist der spanische Einfluss in Sprache, Architektur und Essen immer noch deutlich spürbar. Fez, das mehr als jede andere Stadt auch heute noch dem entspricht, was eine mittelalterliche arabische Stadt ausgemacht hat, ist so

Traditionelle Essenszubereitung auf einem marokkanischen Markt.

Farbige Mosaiken zieren viele Wände im Innen- und Außenbereich.

voll von faszinierenden Geräuschen und hypnotisierenden Düften, dass bei einem Gang durch die Medina alle Sinne stimuliert werden. Seit dem Ende des zehnten Jahrhunderts dominiert diese Stadt Handel, Kultur und religiöses Leben in Marokko, und so spiegelt ihre Küche auf unverwechselbare Art und Weise die Unterschiedlichkeit ihrer Bewohner wider, unter denen Berber, Juden, Araber, Andalusier, Franzosen und andere Europäer gewesen sind. Casablanca, Marokkos Hauptstadt und der größte Hafen im gesamten Maghreb, ist in Stil und Essen kosmopolitisch. Weiter im Süden, in Marrakesch, Safi und Essaouira, kommen die kulinarischen Einflüsse aus Afrika und vom Atlantik her zur Geltung. So war Marrakesch einst Handelsposten für Sklaven aus dem Sudan, dem Senegal und dem alten Königreich Timbuktu, und Marktplatz für die Waren der Stämme aus dem Atlasgebirge, der Maghrebis aus den Ebenen und der Nomaden aus der Sahara. Besonders interessant wird Marrakesch dadurch, dass seine Ursprünge eher auf die Berber als die Araber zurückgehen, was sich ebenso in den niedrigen roten Häusern zeigt wie in der Küche. Im marokkanischen Hinterland, in den bergigen Regionen des Rif- und des Atlasgebirges sowie in den südlichen Oasen waren die Einflüsse von außen gering, sodass die nomadischen Berberstämme auch heute noch an ihrer traditionellen kulturellen und kulinarischen Identität festhalten.

Kokosbällchen, ein traditionelles Dessert.

Überall in Marokko, ob prachtvoller Palast oder bescheidenes Heim, ob traditionell oder modern, versammelt sich die Familie bei den Mahlzeiten um einen niedrigen Tisch, auf Bänkchen und Kissen sitzend. Das Essen wird in die Tischmitte gestellt, oft in dem Tongeschirr, in dem es gekocht wurde, und alle tun sich daran gütlich. Von alters her gibt es keine Teller und kein Besteck, obwohl sich das in vielen modernen Haushalten verändert hat. Stattdessen werden zum Aufschöpfen der Speisen einfach Daumen und Zeige- und Mittelfinger der rechten Hand benutzt, und dazu wird viel Brot gereicht zum Aufstippen der köstlichen Soßen.

Die meisten Mahlzeiten beginnen mit einer einfachen Vorspeisenauswahl, ein Schälchen Oliven vielleicht, ein Salat aus gekochtem Gemüse mit Olivenöldressing und Kreuzkümmelaroma, serviert mit einem Dip, dazu Fladenbrot und würziges Gebäck. Zum Hauptgang dann mag eine Tajine oder ein gebratenes Fleischgericht folgen, und als Beilage oft ein peppiger grüner Salat, um den Gaumen zu erfrischen. Danach könnte gut ein Couscous auf den Tisch kommen, der aber eigentlich, wenn mit Eintopf oder Brühe serviert, auch als eigenständige Mahlzeit dienen kann. Ein Teller mit aufgeschnittenem frischem Obst oder ein Dessert läuten das Ende der Mahlzeit ein, die so gut wie immer mit dem traditionellen Minztee schließt.

Der Raum, in dem das Essen zubereitet wird, lässt in nichts auf die Raffinesse und Exotik der zu erwartenden Speisen schließen, denn eine traditionelle marokkanische Küche ist in Halbdunkel getaucht, kühl in der Sommerhitze und feucht im Winter. Die Kochutensilien sind schlicht, etwa glasierte Tontöpfe für Tajines oder Kupfergeschirr. Normalerweise findet sich hier ein alter Kohleofen, der die gefliesten Wände schwärzt und auf dem die Speisen sanft vor sich hin köcheln, und wahrscheinlich auch ein tragbarer Kanoun-Ofen, eine Feuerschale aus sonnengebackenem Lehm.

In einem Haushalt, der sich Bedienstete leisten kann, stammen die Köchinnen oft von sudanesischen Sklaven ab, da deren Kochkünste ganz besonders geschätzt werden. Das Tröpfeln des Wassers im Brunnen und das Schlagen des Stößels im Mörser sind typische Geräusche im Dunkel der Küche und es duftet durchdringend nach Knoblauch und Gewürzen, die mit einem Hauch Rosenwasser oder Minze aromatisiert werden. Eine solche Küche hat etwas von der Höhle einer Magierin, die erst Allahs Segen erbittet, bevor sie die wunderbarsten Gerichte zaubert. In den modernen Küchen der eher europäisch beeinflussten städtischen Haushalte ist von dieser Atmosphäre natürlich nicht mehr viel übrig, aber auch hier sind die meisten marokkanischen Frauen immer noch sehr stolz auf ihre Kochkünste.

Die spannendste Art und Weise, eine große Bandbreite von köstlichen Gerichten auszuprobieren, ist der Besuch eines Diffas, eines Festmahls, das zu bestimmten Gelegenheiten wie etwa einer Hochzeit zubereitet wird und bei dem mindestens ein halbes Dutzend Gerichte in bis zu

Kunstvoll verzierte Fenstergitter.

zwanzig Gängen serviert werden. Traditionell sitzen die Gäste auf Kissen um einen niedrigen Tisch herum. Das erste Gericht, das auf-getragen wird, ist die eindrucksvolle Bastilla, eine runde, mehrschichtige Pastete aus hauchdünnen Teiglagen, die zwei Lagen würzige Füllung mit Taubenfleisch und Gewürzen und eine süße mit sautierten Mandeln, Zimt und Puderzucker hat. Die Bastilla wird beidseitig in Butter gebraten, mit einem dekorativen Muster aus Zimt und Zucker bestreut und auf einer Platte in der Mitte des Tischs serviert.

Das zweite Gericht bei einem Diffa ist normalerweise eine Choua, gedämpfte Lammschulter mit Kreuzkümmel, oder, in ländlichen Gefilden, ein Mechoui, ein ganzes Lamm oder eine Ziege, die in einem Erdloch über glühenden Kohlen gegart wird. Als nächstes folgt eine Auswahl von Tajines, von denen jede anders ist und die alle mit Fladenbrot zum Aufstippen der geschmackvollen Soßen serviert werden. Die letzte Tajine ist immer süß und wird normalerweise mit Lamm, karamellisierten Zwiebeln und Honig zubereitet. Um sicherzugehen, dass kein Gast am Ende mit einem noch so kleinen Löchlein im Magen nach Hause geht, besteht das große Finale aus einem dampfenden Berg Couscous, der ebenso mit den Fingern gegessen wird wie die meisten anderen Gerichte. Am Schluss des Gelages wird dann Minztee serviert, der marokkanische Klassiker, der den Gaumen erfrischen und die Verdauung fördern soll.

Den schönsten Eindruck von den mannigfaltigen Freuden der Küche des Landes erhält man bei einem Besuch auf einem der vielen Märkte. Sie sind bunt und laut und die Eindrücke sind überwältigend: Unmengen von reifem,

Die Tajine ist meist aus Lehm gebrannt.

leuchtendem Obst und Gemüse zu Stapeln aufgetürmt, mit langblättrigen Kräutersträußen obendrauf; weiße und gelbe Käsestücke und Butterklötze in Blöcken gestapelt; Olivenberge in Krügen und Bottichen und zahllose Flaschen oder Kanister mit Olivenöl; Töpfe und Gläser mit Gemüse und konservierte Zitronen, und riesige Berge von Nüssen und Trockenfrüchten, die nur darauf warten, gekostet und aufgeknabbert zu werden. Am eindrucksvollsten sind die alten, labyrinthischen Souks von Fez und Marrakesch, wo überall Schlangenhäute und andere natürliche Heilmittel von der Decke baumeln, wo getrockneter Lavendel, zarte Rosenknospen, exotische Gewürze und viele anderen Verlockungen die Luft mit ihrem Duft durchtränken.

Mit seiner unvergleichlich reichen kulinarischen Geschichte, die gleichermaßen aus dem Nahen Osten, der Mittelmeerregion und dem tropischen Afrika Inspirationen schöpft, kann Marokko mit einigen der spannendsten Gerichte aufwarten, die man sich vorstellen kann. Die Speisen haben dem Auge gleichermaßen etwas zu bieten wie dem Gaumen, und mit ihren aufregenden Gewürzen und opulenten Soßen berauschen sie jeden Gourmet. Einfache, traditionelle Garmethoden und klassische Gewürzmischungen sorgen dafür, dass es gar nicht so schwierig ist, die typischen Aromen einer marokkanischen Mahlzeit zu kreieren. Ob Sie nur einen schnellen Imbiss zubereiten oder gar ein verschwenderisches Fest in Planung haben: Die wundervolle Rezeptauswahl in diesem Buch wird es Ihnen leicht machen, sich ein wohlschmeckendes Stück Marokko nach Hause zu holen.

Tee trinkt man in Marokko zu jeder Tageszeit.

Aromen und Zutaten

Gewürzmischungen und Aromen, die seit Jahrhunderten benutzt werden, sind das Herz der marokkanischen Küche. Es lohnt sich daher, ein paar der folgenden Basisrezepte herzustellen, da traditionelle Zutaten wie Salzzitronen, scharfe Harissa-Paste und Chermoula-Marinade für die Zubereitung authentischer marokkanischer Gerichte essenziell sind. Die meisten dieser klassischen Würzmittel können heutzutage fertig gekauft werden, aber sie sind auch zu Hause einfach selbst zu fabrizieren.

Konservierte Zitronen gehören zu den wichtigsten Zutaten in der marokkanischen Küche. Mit ihrer zarten Schale, der marmeladenartigen Konsistenz und dem intensiven Aroma verleihen sie vielen Gerichten einen unverwechselbaren Geschmack. Die Zitronen können in Salz, Salzlake, Öl oder auch in Essig eingelegt werden, am beliebtesten ist aber die Methode mit Salz und Zitronensaft – das Ergebnis ist wunderbar.

Traditionelle Gewürzmischungen wie das himmlisch duftende Ras el Hanout spielen ebenfalls eine wichtige Rolle. Viele Gewürze kamen mit den Arabern in die Region. Als erfahrene Seefahrer und Kaufleute brachten sie von ihren Reisen scharfe Gewürze aus China, Ostindien, Persien, Ägypten und Sansibar mit. Zimt, Ingwer, Kreuzkümmel und Koriander sind vielleicht die traditionellsten Gewürze in der marokkanischen Küche, zusammen mit Chilis und Paprika aus der Neuen Welt. Schaut man über das Mittelmeer nach Spanien, tauchen dort dieselben Gewürze in der andalusischen Küche auf. Zwei Gewürzmischungen, die in marokkanischen Speisen eine Schlüsselrolle spielen, aber anderswo ihren Ursprung haben, sind Tabil aus Tunesien und Zahtar aus dem Mittleren Osten.

Weitere Zutaten, die den Gerichten ihren unverwechselbaren Charakter verleihen, sind die ungewöhnlich schmeckende abgelagerte Butter Smen sowie Ouarka, hauchdünne Teigblätter, die für die Herstellung von traditionellen Pasteten und Gebäck benutzt werden.

Chermoula

Diese scharfe, geschmackvolle Marinade ist mitver-
antwortlich für den einzigartigen Geschmack von
vielen Speisen mit Grillfisch und Gemüse sowie von
einigen Tajines. Es gibt viele Variationen der klassischen
Chermoula und jede Familie macht ihre eigene Version
davon. Verschiedenste Kräuter und Gewürze können
in unterschiedlichen Mengen benutzt werden, um
wundervolle Resultate zu erzielen. Chermoula hat die
Tendenz, feurig-scharf zu sein, und ist daher besonders
gut geeignet für kräftige Fleisch- und Fischgerichte.

FÜR 1 REZEPT
2–3 Knoblauchzehen, gehackt
1–2 TL gemahlener Kreuzkümmel
1 Prise Safranfäden, eingeweicht in ein wenig Wasser
4 EL Olivenöl
Saft von 1 Zitrone
1 rote Chili, entkernt und gehackt
1 TL Salz
1 kleines Bund frischer Koriander, fein gehackt

1 Den Knoblauch, den Kreuzkümmel, den Safran, das
Olivenöl, den Zitronensaft, die Chili und das Salz in einen
Mörser geben und mit einem Stößel zermahlen. Alternativ
kurz im Mixer pürieren.

2 Den frischen Koriander zugeben und umrühren.

Salzzitronen

Das intensive Aroma von Hamad Mrakad, wie Salzzitronen in Marokko heißen, verleiht vielen marokkanischen Gerichten einen wundervollen Geschmack.

FÜR 12 ZITRONEN
12 Zitronen, vorzugsweise Meyer-Zitronen
150 mg Meersalz

1 Die Zitronen waschen und trocknen und zwei davon
zur Seite legen. Bei jeder der verbleibenden Zitronen oben
und unten eine dünne Scheibe abschneiden. Die Zitronen
aufstellen und die Frucht ein- oder zweimal der Länge
nach fast bis zum Boden einschneiden, sodass die beiden
Hälften gerade noch miteinander verbunden sind.

2 Die Zitronen dann mit viel Salz ausstopfen und so in ein
Gefäß setzen, dass sie zusammengepresst werden.

3 Die Zitronen 3–4 Tage stehen lassen, bis die Schale
weich wird, dann nochmals hinunterdrücken. Den Saft
der zur Seite gelegten Zitronen auspressen und so viel
davon in das Gefäß gießen, bis die eingesalzenen Zitronen
komplett bedeckt sind. Die Zitronen vor dem Gebrauch
mindestens einen Monat stehen lassen. Dann das Salz
einfach abspülen und sie je nach Rezept weiterverwenden.

Harissa

Diese scharfe Soße ist ein fester Bestandteil der nordafrikanischen Küche. Sie kann nach Belieben als Würzmittel benutzt und zusammen mit den Speisen gereicht werden; sie kann aber auch schon beim Kochen beigefügt werden, um dem Gericht einen feurigen Kick zu geben; oder sie kann als Dip zu warmem Brot serviert werden, entweder pur oder mit ein wenig Joghurt vermengt.

Traditionell werden die Zutaten mit Mörser und Stößel zu einer Paste zerrieben, aber sie in den Mixer zu geben ist viel einfacher und schneller.

FÜR MEHRERE REZEPTE

6–8 getrocknete rote Chilis (am besten
    New-Mexico-Chilis), entkernt
2 Knoblauchzehen, zerdrückt
2 TL Meersalz
1 TL gemahlener Kreuzkümmel
½ TL gemahlener Koriander
120 ml Olivenöl

1 Die Chilis etwa 40 Minuten in warmes Wasser einweichen. Abgießen und überschüssiges Wasser ausdrücken. Mit den anderen Zutaten in einen Mixer geben und verarbeiten, bis die Mixtur eine Paste ergibt.

2 Die Harissa in ein kleines Gefäß geben, mit einer dünnen Lage Olivenöl bedecken und fest verschließen. Im Kühlschrank bis zu 1 Monat haltbar.

Ras el Hanout

Von allen Gewürzmischungen des Mittleren Ostens und Nordafrikas ist das marokkanische Ras el Hanout vielleicht die ausdrucksstärkste und raffinierteste. Sie ist eine Synthese von Gewürzen, in denen sich die kulinarische Geschichte des Landes spiegelt, die über Jahrhunderte hinweg durch kulturellen Austausch infolge von Handelsbeziehungen und Kriegen geprägt wurde. Bekannt für ihre aphrodisierende Wirkung und die Poesie ihres Rosendufts, ist sie sowohl aromatisch als auch pikant und sie wärmt und veredelt jedes Gericht.

Außerhalb der Gewürzbasare der arabischen Welt ist es schwierig, eine echte, scharfwürzige Ras el Hanout herzustellen, da die Quantität und Vielfalt der benötigten Gewürze unüberschaubar ist und viele in den meisten Geschäften nicht zu finden sind: Kardamomkapseln aus Sri Lanka; Muskatnuss und Mazis aus Java; Galgantwurzel aus dem Fernen Osten; Guineapfeffer, ein Aphrodisiakum von der Elfenbeinküste; Zimt aus Indien und Sri Lanka; Gewürznelken aus Sansibar; Ingwer und Kurkuma aus Indien; Zypergras, ein stark-riechendes Kraut aus dem Sudan; Iriswurzel von den Höhen des Atlasgebirges; weißer Ingwer aus Japan; Aschbeeren aus Europa; Mönchspfeffer, ein Aphrodisiakum aus Marokko; Belladonna-Beeren; Schwarzkümmel; Lavendel; schwarzer Pfeffer; und Rosenknospen. Dafür gibt es die Original-Mischung natürlich in den meisten nordafrikanischen und arabischen Geschäften zu kaufen.

Ouarka

Ouarka ist ein hauchdünnes Fladenbrot, das meist für pikantes und süßes Gebäck benutzt wird. Es ist äußerst schwierig herzustellen und die meisten Marokkaner sind so vernünftig, es in fertigen Blättern bei einem professionellen Ouarka-Bäcker zu kaufen. Traditionell sind Frauen die besten Ouarka-Bäckerinnen, da sie die Herstellung schon als junge Mädchen lernen, wenn ihre Finger noch gelenkig sind. Sollten Sie jedoch wild entschlossen sein, dann versuchen Sie's ruhig und backen Sie Ihre eigene Ouarka. Ansonsten benutzen Sie für die Rezepte gekauften Filoteig, er ist ein guter Ersatz.

FÜR 8–10 STÜCK
300 g Weizenmehl
1 EL Olivenöl
1 EL Weißweinessig
300 ml lauwarmes Wasser
Pflanzenöl zum Einfetten und Einpinseln

1 Das Mehl in eine große Schüssel sieben. Das Olivenöl, den Essig und das Wasser miteinander mischen und mit den Fingern langsam in das Mehl einarbeiten. Gut mit den Fingern klopfen, dann die Schüssel abdecken und etwa 45 Minuten in den Kühlschrank stellen.

2 Wenn Sie eine schwere Chapati-Pfanne haben, können Sie die Ouarka direkt auf niedriger Hitze braten, sonst füllen Sie einen großen Topf mit Wasser und bringen es zum Kochen.

3 Die Hitze reduzieren, das Wasser sanft köcheln und den Topf mit einer Crêpe-Pfanne mit Antihaftbeschichtung, einer umgedrehten runden Backform oder einer runden Gusseisenplatte bedecken. Wenn die Pfanne oder die Platte, die Sie benutzen, nicht beschichtet ist, pinseln Sie sie leicht mit ein wenig Pflanzenöl ein, wie Sie es beim Crêpe-Backen machen würden.

4 Mit den Fingern klopfen Sie 2 EL kaltes Wasser zusätzlich in den Teig, bis er weich und glatt ist. Ziehen Sie nun ein kleines Teigbällchen ab und tupfen Sie dieses auf die heiße Pfanne, um es dann über die ganze Pfanne hinweg zu einem runden Blatt zu arbeiten, das sehr dünn und fast durchsichtig sein sollte.

5 Gleich wenn es trocken ist, das Blatt schnell abschälen und auf einen Teller legen, dann mit einem Tuch bedecken. Dies mit dem Rest des Teigs wiederholen, bis Sie etwa 8–10 Blätter haben. Die Ouarka dann in ein feuchtes Tuch wickeln und an einem kühlen Ort aufbewahren, sonst trocknen sie schnell aus und brechen beim Anfassen.

Smen

Diese abgelagerte Butter mit dem strengen Geschmack ist definitiv eine Spezialität, die von außen nach Marokko kam. In Dörfern und ländlichen Gegenden wird die Butter in irdene Töpfe gegeben und wochen-, monate- oder gar jahrelang an einem kühlen, trockenen Ort aufbewahrt. Sie wird mit warmem Brot frisch aus dem Ofen genossen oder zur Anreicherung von Couscous oder manchen Tajines benutzt. Zu Hause macht man am besten eine kleine Menge davon und lagert sie etwa 6 Wochen in einem versiegelten Gefäß, um sie dann innerhalb einer Woche zu verbrauchen.

FÜR 1 TOPF
450 g ungesalzene Butter (Zimmertemperatur)
120 ml Wasser
1 EL Meersalz
1 EL getrockneter Oregano

1 Die Butter in einer Schüssel weich werden lassen. Das Wasser mit dem Salz und dem Oregano ein wenig einkochen, dann direkt über die Butter gießen. Die Butter mit einem Holzlöffel umrühren und gut durchmischen, dann abkühlen lassen.

2 Die Butter mit den Händen gut kneten, bis das Wasser fast vollständig eingearbeitet ist. Überschüssiges Wasser abgießen, dann die Butter in ein heißes, sterilisiertes Gefäß füllen und luftdicht verschließen. Mindestens 6 Wochen an einem kühlen, trockenen Ort aufbewahren.

Tabil

Diese tunesische Gewürzmischung verleiht Tajines und Gemüsegerichten einen besonderen Geschmack. Sie kann sowohl als Paste als auch als Pulver benutzt werden.

FÜR 1 GEWÜRZMISCHUNG
3 EL Koriandersamen
1 EL Kümmelsamen
1 EL Knoblauchpulver oder 2–3 Knoblauchzehen
1 EL Chilipulver oder Cayennepfeffer oder 1 getrocknete rote Chili, eingeweicht

Alle Zutaten in einen Mörser geben und mit einem Stößel zermahlen, um ein trockenes Pulver oder eine Paste herzustellen.

Zahtar

Diese Gewürzmischung stammt aus dem Mittleren Osten und wird über Dips, Gemüse und Fladenbrot gestreut.

FÜR 1 GEWÜRZMISCHUNG
1 EL getrockneter Thymian
1 EL gemahlener Sumach
1 EL geröstete Sesamsamen
1 Prise grobkörniges Salz

Alle Zutaten in einer Schüssel vermischen. Luftdicht verschlossen aufbewahren.

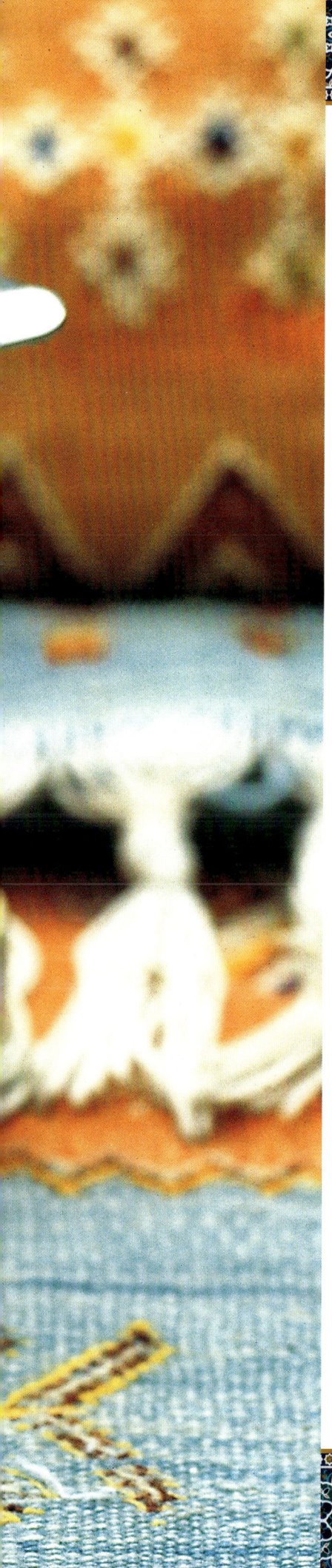

Mezze und Suppen

Die alte Tradition der Mezze wurde wahrscheinlich im siebten Jahrhundert von den Arabern nach Marokko eingeführt. Abgeleitet von dem persischen Wort *mazze*, das „Geschmack" oder „Genuss" bedeutet, hatte dieser Gang die Funktion, vor der Hauptmahlzeit den Gaumen zu erfreuen. Der Genuss von Mezze ist und bleibt eine der wunderbarsten Eigenheiten der Küche im Mittleren Osten und in Nordafrika.

Die Kombination aus einfachen Gerichten, komplexen Aromen und dem entspannten Genuss einer Auswahl an Vorspeisen ist heute in der ganzen Welt beliebt. Ohne Hektik und Stress kann man eine bunte Vielfalt von Gerichten kosten, darunter vielleicht ein Schälchen frisch gerösteter Pistazien, schmackhaft eingelegte Oliven, geröstete Paprikaschoten in Olivenöl, einen Knoblauchdip mit Joghurt und feuriger Harissa, delikate Pastetchen mit zimtgewürztem Lammhack und ein mit Salzzitrone aromatisierter frischer Salat. Wie Mezze werden auch Suppen oft vor dem Hauptgang serviert, um den Appetit anzuregen. Die Alltagskost in einem marokkanischen Haushalt besteht zum Beispiel aus einem leichten Süppchen und einem anschließenden Hauptgang, möglicherweise eine Tajine oder ein Couscous. Suppen können jedoch auch eine eigene Mahlzeit darstellen, vor allem, wenn jede Menge Brot dazu gereicht wird.

Die klassischen Aromen der marokkanischen Küche – Ingwer, Koriander, Kreuzkümmel, Zimt, Knoblauch, Paprika, Orangenblütenwasser, Salzzitronen und Ras el Hanout – tauchen schon in den Vorspeisen und Suppen auf, um den Gaumen auf die folgenden Gänge einzustimmen. Marokkaner sind berühmt für ihre Gastfreundschaft, und sie tun alles, damit ihre Gäste sich wohlfühlen und genug zu essen und zu trinken haben. Dazu gehören etwa kleine Häppchen als Appetizer, die den Beginn eines langen Abends mit einem mehrgängigen Festmahl einläuten.

Zahlouk mit Zucchini und Blumenkohl

Zahlouk ist ein köstlich-scharfes Auberginen-Tomaten-Gericht, das mit Oliven- oder Arganöl angemacht werden kann. Letzteres ist aus dem Kern der Frucht des Arganbaums gepresst, der in der Souss-Region in Marokko heimisch ist. Ich serviere Zahlouk oft als Vorspeise, mit viel Brot zum Aufstippen, aber es macht sich auch gut auf einer reich bestückten Mezze-Platte. Blumenkohl und Zucchini sind in Marokko eine beliebte Kombination, in Salaten beigemengt, auf Spießen gegrillt oder zu Couscous und Tajines hinzugefügt.

FÜR 4 PERSONEN

Für das Zahlouk

3 große Auberginen, geschält und gewürfelt
3–4 große Tomaten, geschält und zu einem Brei gehackt
1 TL Zucker
3–4 Knoblauchzehen, zerdrückt
4 EL Oliven- oder Arganöl
Saft von 1 Zitrone
1 TL Harissa
1 TL Kreuzkümmelsamen, geröstet und gemahlen
1 Bund glatte Petersilie, gehackt
Salz

Für das Gemüse

1 Blumenkohl, in Röschen gebrochen
2–3 kleine Zucchini, in dicke Scheiben geschnitten
4 EL Olivenöl
Saft von 1 Zitrone
2–3 Knoblauchzehen, zerdrückt
1 Bund Petersilie, fein gehackt
Salz
schwarzer Pfeffer, gemahlen
1 EL Paprika zum Bestreuen

1 Für das Zahlouk die Auberginen in viel Salzwasser etwa 15 Minuten kochen, bis sie sehr weich sind. Abgießen und überschüssiges Wasser ausdrücken, dann hacken und mit einer Gabel zerdrücken.

2 Den Tomatenbrei in einen Topf geben, den Zucker einrühren und auf sanfter Hitze köcheln, bis er zu einer dicken Soße reduziert ist. Die zerdrückten Auberginen hinzufügen. Den Knoblauch einrühren, das Oliven- oder Arganöl, den Zitronensaft, die Harissa, den Kreuzkümmel und die Petersilie einrühren und gut mischen. Nach Geschmack würzen.

3 Für das Zucchini-Blumenkohl-Gemüse etwa die Hälfte des Olivenöls in einer schweren Pfanne erhitzen und die Zucchini auf beiden Seiten anbräunen. Auf Küchenpapier abtropfen lassen.

4 In der Zwischenzeit den Blumenkohl 7–10 Minuten über kochendem Wasser dämpfen, bis er weich ist. Den noch warmen Blumenkohl in einer Schale leicht zerdrücken und das verbleibende Olivenöl, die Hälfte des Zitronensafts und den Knoblauch beimischen. Die Zucchini und die Petersilie mit dem verbleibenden Zitronensaft hinzufügen und nach Geschmack würzen.

5 Das Zahlouk bei Zimmertemperatur mit viel Fladenbrot servieren. Das Gemüse mit Paprika bestreuen und warm oder ebenfalls bei Zimmertemperatur dazu reichen.

Bissara-Dip mit Zahtar

Dieser knoblauchlastige Bohnendip wird in ganz Marokko genossen. Mit Zahtar (einer Gewürzmischung aus dem Mittleren Osten), Paprika oder getrocknetem Thymian bestreut und mit Fladenbrot serviert, ist er ein würziger Appetizer. Besonders populär ist er in den Cafés von Fez und Marrakesch, wo Marokkaner und Touristen über das Essen zwanglos miteinander in Kontakt kommen.

FÜR 4 PERSONEN

350 g getrocknete Dicke
  Bohnen (Favabohnen),
  über Nacht eingeweicht
4 Knoblauchzehen
2 TL Kreuzkümmelsamen
4–5 EL Olivenöl
Salz
Zahtar, Paprika oder getrockneter
  Thymian zum Garnieren

1 Die Bohnen abtropfen lassen, ihre runzlige Haut entfernen und sie mit dem Knoblauch und den Kreuzkümmelsamen in einen großen Topf geben. Genug Wasser hinzufügen, damit die Bohnen bedeckt sind, und zum Kochen bringen. 10 Minuten köcheln, dann die Hitze reduzieren und bei geschlossenem Deckel etwa 1 Stunde sanft köcheln, bis die Bohnen weich sind.

2 Nach dem Kochen die Bohnen abtropfen lassen und noch warm mit dem Olivenöl zerstampfen oder pürieren, bis die Mixtur einen weichen Dip ergibt. Nach Belieben salzen und warm oder bei Zimmertemperatur mit Zahtar, Paprika oder Thymian bestreut servieren. Alternativ einfach mit ein wenig Olivenöl beträufeln.

Geröstete rote Paprikaschoten mit Feta, Kapern und Salzzitronen

Gebratene Paprikaschoten, vor allem der lange, schmale, hornförmige Typ, sind in den Regionen des Mittleren Ostens und des Mittelmeers äußerst beliebt. Es ist jedoch vor allem die wunderbar pikante Note, die diesen deftigen gebratenen Paprika ihr typisch marokkanisches Aroma verleiht. Als saftige Beigabe sind sie köstlich mit Kebabs und Grillfleisch, aber auch als Bestandteil eines gemischten Vorspeisentellers.

FÜR 4 PERSONEN
4 fleischige rote Paprikaschoten
200 g Fetakäse, zerbröckelt
2–3 EL Oliven- oder Arganöl
2 EL Kapern
Schale von 1 Salzzitrone,
  in kleine Stücke geschnitten
Salz

1 Den Backofengrill auf höchster Stufe vorheizen. Die roten Paprika unter häufigem Wenden im Backofen rösten, bis sie weich werden und ihre Haut sich zu schwärzen beginnt. Die Paprika in eine Plastiktüte stecken, verschließen und 15 Minuten stehen lassen. Die Paprika anschließend schälen und Stiele und Kerne entfernen, dann aufschneiden und auf einem Teller anrichten.

2 Den zerbröckelten Feta hinzufügen und das Oliven- oder Arganöl darüber gießen. Die Kapern und die Salzzitronen darüber verteilen und ein wenig salzen, falls nötig (je nachdem, ob der Feta salzig ist oder nicht). Mit frischem Brot zum Aufstippen der köstlichen, ölreichen Soße servieren.

Artischockenherzen mit Ingwer, Honig und Salzzitronen

Wenn Artischocken Saison haben, veredeln sie als Vorspeise oder Salat jede marokkanische Mahlzeit. Die Herzen werden oft in Salzwasser pochiert, bis sie weich sind, und anschließend gehackt und mit Knoblauch, Kräutern und Salzzitronen in Olivenöl geschwenkt. Um diesen Appetizer noch aufregender zu gestalten, werden die Artischocken in einem herrlich gewürzten Honigdressing gekocht. Dieses Gericht ist auch eine perfekte Beilage zu Grillfleisch.

FÜR 4 PERSONEN

2–3 EL Olivenöl
2 Knoblauchzehen, zerdrückt
1 TL gemahlener Ingwer
1 Prise Safranfäden
Saft von ½ Zitrone
1–2 EL Honig
Schale von 1 Salzzitrone,
    dünn geschnitten
8 Artischockenherzen, geviertelt
150 ml Wasser
Salz

Artischocken zubereiten

Die äußeren Blätter entfernen und die Stiele abschneiden. Die verbleibenden Blätter sorgfältig teilen und mit einem Teelöffel das Heu auskratzen. Dann die Herzen stutzen und mit einem Spritzer Zitronensaft in Wasser legen, damit sie nicht schwarz werden. In manchen Supermärkten sind gefrorene und bereits vorbereitete Herzen erhältlich, die ebenfalls für dieses Rezept benutzt werden können.

1 Das Olivenöl in einem kleinen, schweren Topf erhitzen und den Knoblauch einrühren. Bevor der Knoblauch sich zu verfärben beginnt, den Ingwer, den Safran, den Zitronensaft, den Honig und die Salzzitronen einrühren. Die Artischocken zugeben und in der Honig-Gewürz-Mischung schwenken. Das Wasser eingießen, ein wenig salzen und bis zum Siedepunkt erhitzen.

2 Den Topf zudecken und die Artischocken unter gelegentlichem Wenden 10–15 Minuten schmoren, bis sie weich sind. Wenn die Flüssigkeit sich bis dahin nicht reduziert hat, den Deckel abnehmen und etwa 2 Minuten weiterkochen, bis sie verdampft ist. Warm oder bei Zimmertemperatur servieren.

Gegrillte Auberginen mit Honig und Gewürzen

Scharf, würzig, süß und fruchtig sind die klassischen Aromen der nordafrikanischen Küche und in diesem köstlichen Gericht sind sie so kombiniert, dass Sie das Gefühl haben werden, eine aufregende Reise anzutreten. Servieren Sie es mit einem Salat aus Artischockenherzen und Orangen und dem Knoblauchdip Bissara, um eine möglichst große Vielfalt von verlockenden Geschmäckern zu erzielen. Mini-Auberginen sind für dieses Gericht besonders gut geeignet, da sie in Längshälften geschnitten und an ihren Stielen festgehalten werden können.

FÜR 4 PERSONEN

2 Auberginen, geschält und in dicke Scheiben geschnitten
Olivenöl zum Braten
2–3 Knoblauchzehen, zerdrückt
5 cm Ingwerwurzel, geschält und geraspelt
1 TL gemahlener Kreuzkümmel
1 TL Harissa
5 EL klarer Honig
Saft von 1 Zitrone
Salz

1 Den Grill oder eine Grillpfanne vorheizen. Jede Auberginenscheibe mit Olivenöl bestreichen und im Backofengrill oder in einer Grillpfanne anbraten. Die Scheiben immer wieder wenden, sodass sie auf beiden Seiten leicht gebräunt sind.

2 In einer großen Bratpfanne den Knoblauch in ein wenig Olivenöl kurz anbraten, dann den Ingwer, den Kreuzkümmel, die Harissa, den Honig und den Zitronensaft einrühren. Genug Wasser hinzufügen, um den Boden der Pfanne zu bedecken und die Mixtur zu verdünnen, dann die Auberginenscheiben in die Pfanne legen. Die Auberginen etwa 10 Minuten sanft köcheln, bis sie die ganze Soße absorbiert haben.

3 Ein wenig Extrawasser hinzufügen, falls nötig nach Geschmack salzen und bei Zimmertemperatur servieren, mit frischem Brot zum Aufstippen der Soße.

Varianten

Auch Zucchini können auf diese Weise zubereitet werden. Wenn Sie dieses saftige Gericht zu einem Ereignis machen wollen, servieren Sie es zusammen mit anderen gegrillten (gebratenen) Gemüsesorten und Früchten, wie etwa Paprikaschoten, Chilis, Tomaten, Orangen, Ananas und Mangos.

Frittierte Baby-Kalmare mit Ingwer und Koriander

Bei der Zubereitung dieses Gerichts müssen Sie schnell arbeiten und es dann sofort servieren, sodass der Tintenfisch gerade gar und noch zart ist. Die Aromen von Kurkuma, Ingwer und Harissa harmonieren wunderbar mit dem süßen Honig und dem sauren Zitronensaft.

FÜR 4 PERSONEN

8 Baby-Kalmare, gebrauchsfertig, mit Tentakeln

1 TL gemahlene Kurkuma

1 EL Smen oder Olivenöl

2 Knoblauchzehen, fein gehackt

15 g frische Ingwerwurzel, geschält und fein gehackt

1–2 TL Honig

Saft von 1 Zitrone

2 TL Harissa

Salz

1 kleines Bund frischer Koriander, grob gehackt

1 Die Kalmarenkörper innen und außen trockentupfen und auch die Tentakel abtrocknen. Den Kalmar samt Tentakeln mit der gemahlenen Kurkuma bestreuen.

2 Das Smen oder das Olivenöl in einer großen schweren Bratpfanne erhitzen und den Knoblauch und den Ingwer einrühren. Wenn sie sich zu verfärben beginnen, den Tintenfisch mit Tentakeln hinzufügen und auf beiden Seiten bei großer Hitze kurz anbraten. (Den Tintenfisch nicht zu lange kochen, sonst wird er gummiartig.)

3 Den Honig, den Zitronensaft und die Harissa hinzufügen und umrühren, bis eine dicke, würzige, karamellisierte Soße entsteht. Mit Salz abschmecken, mit dem gehackten Koriander bestreuen und sofort servieren.

Scharf-würzige Garnelen mit Koriander

Dies ist eine schnelle und einfache Art, um Garnelen als Snack oder Appetizer zuzubereiten. Wenn Sie die Mengen vergrößern, kann das Gericht auch als Hauptgang serviert werden. Auch Jakobs- oder Miesmuscheln sind auf diese Weise zubereitet köstlich. Alternativ können Sie auch gemischte Pilze dafür nehmen. Zu den Garnelen Brot zum Aufstippen der köstlichen Soße reichen.

FÜR 2–4 PERSONEN

4 EL Olivenöl

2–3 Knoblauchzehen, gehackt

25 g frische Ingwerwurzel, geschält und gehackt

1 Chili, entkernt und gehackt

1 TL Kreuzkümmelsamen

1 TL Paprika

450 g ungekochte Riesengarnelen, geschält

1 Bund frischer Koriander, gehackt

1 Zitrone, in Spalten geschnitten, zum Servieren

1 In einer großen, schweren Bratpfanne das Öl mit dem Knoblauch erhitzen. Den Ingwer, die Chili und die Kreuzkümmelsamen einrühren. Kurz anbraten, bis die Zutaten ein angenehmes Aroma verströmen, dann den Paprika hinzufügen und die Garnelen hineingeben.

2 Die Garnelen 3–5 Minuten auf ziemlich großer Hitze und unter häufigem Wenden braten, bis sie gerade gar sind. Nach Geschmack salzen und den Koriander zugeben. Mit den Zitronenspalten dekorieren und sofort servieren.

Fischküchlein mit Gurken-Zimt-Salat

Der gewürzte Gurkensalat ist eine wunderbar erfrischende Begleitung zu den Fischküchlein, da sowohl diese als auch der Salat die süßen und scharfen Aromen mischen, die in der marokkanischen Küche so beliebt sind. Wenn Sie wenig Zeit haben und keinen frischen Fisch bekommen können, ist Thunfisch aus der Dose ein guter Ersatz.

FÜR 4 PERSONEN

450 g Filets von weißem Fisch, wie etwa Wolfsbarsch, Leng- oder Schellfisch, gehäutet und in Stücke geschnitten
2 TL Harissa
Schale von ½ Salzzitrone, fein gehackt
1 kleines Bund frischer Koriander, fein gehackt
1 Ei
1 TL Honig
1 Prise Safranfäden, in 1 TL Wasser eingeweicht
Salz
schwarzer Pfeffer, gemahlen
Sonnenblumenöl zum Braten

Für den Salat:

2 Gurken, geschält und geraspelt
Saft von 1 Orange
Saft von ½ Zitrone
1–2 EL Orangenblütenwasser
3–4 TL Zucker
½ TL gemahlener Zimt

1 Zuerst den Salat zubereiten, um ihm vor dem Servieren Zeit zum Kühlen zu geben. Die geraspelte Gurke in ein Sieb über eine Schüssel geben und ein wenig salzen. Etwa 10 Minuten abtropfen lassen. Mit den Händen die überschüssige Flüssigkeit ausdrücken und die Gurke in eine Schüssel geben.

2 In einem kleinen Krug oder einer Kanne den Orangen- und den Zitronensaft, das Orangenblütenwasser und den Zucker vermischen

und über die Gurke gießen. Gut mischen, mit Zimt bestreuen und mindestens 1 Stunde in den Kühlschrank stellen.

3 Für die Fischküchlein den Fisch in einen Mixer geben. Die Harissa, die Salzzitrone, den Koriander, das Ei, den Honig und den Safran mit seinem Einweichwasser zugeben, würzen und dann verrühren, bis die Mixtur weich und glatt ist. In 16 Portionen teilen. Die Hände unter kaltem Wasser befeuchten, damit die Mixtur nicht

hängen bleibt, dann jede Portion zu einer Kugel rollen und in den Handflächen flach drücken.

4 Das Öl in einer großen Bratpfanne erhitzen und die Fischküchlein nach und nach braten, bis sie auf beiden Seiten goldbraun sind. Dann auf Küchenpapier abtropfen lassen und warmhalten, bis alle Fischküchlein gebacken sind. Sofort mit dem gekühlten Gurkensalat servieren.

Kichererbsen-Linsen-Suppe mit Fenchel-Honig-Brötchen

Diese Suppe wird in den Restaurants und Cafés von Fez und Marrakesch gerne mit honiggesüßtem Würzbrot oder Brötchen als herzhafter Snack gereicht. Auch eröffnet sie während des muslimischen Fastenmonats Ramadan am Abend traditionell das Fastenbrechen. Und im Winter wird sie in manchen Familien in dampfenden Schalen zum Frühstück serviert, mit honiggetränkten Kuchen als Beilage.

FÜR 6 PERSONEN

2–3 EL Smen oder Olivenöl
2 Zwiebeln, halbiert und in
  Scheiben geschnitten
½ TL gemahlener Ingwer
½ TL gemahlene Kurkuma
1 TL gemahlener Zimt
1 Prise Safranfäden
2 x 400 g Dosentomaten
1–2 TL Feinzucker
175 g braune Linsen, verlesen
  und gewaschen
1,75 l Fleisch- oder Gemüsebrühe
200 g getrocknete Kichererbsen,
  über Nacht eingeweicht und
  gekocht
200 g getrocknete Dicke Bohnen
  (Favabohnen), über Nacht
  eingeweicht und gekocht
1 kleines Bund frischer Koriander,
  gehackt
1 kleines Bund frische glatte
  Petersilie, gehackt
Salz
schwarzer Pfeffer, gemahlen

Für die Brötchen

½ TL Trockenhefe
300 g Weizenmehl
1–2 EL klarer Honig
1 TL Fenchelsamen
250 ml Milch
1 Eigelb, mit ein wenig
  Milch gemischt
Salz

1 Für die Fenchel-Honig-Brötchen die Hefe in 1 EL lauwarmem Wasser auflösen. Das Mehl und eine Prise Salz in eine Schüssel sieben. Eine Kuhle in die Mitte drücken und die aufgelöste Hefe, den Honig und die Fenchelsamen hineingeben. Nach und nach die Milch eingießen und mit den Händen in das Mehl einarbeiten, zusammen mit dem Honig und der Hefe, bis ein Teig entsteht – wenn dieser zu klebrig wird, mehr Mehl zugeben.

2 Den Teig auf eine bemehlte Unterlage geben und etwa 10 Minuten gut kneten, bis er glatt und elastisch ist. Die Unterlage nochmals bemehlen, den Teig mit einem feuchten Tuch bedecken und so lange gehen lassen, bis sich sein Umfang verdoppelt hat.

3 Den Backofen auf 230 °C vorheizen. Zwei Backbleche einfetten. Den Teig in 12 Brötchen teilen. Auf der bemehlten Unterlage die Teigbrötchen mit der Handfläche plattdrücken und dann auf ein Backblech legen. Mit Eigelb einpinseln und etwa 15 Minuten backen, bis sie leicht aufgegangen sind und beim Daraufklopfen etwas hohl klingen. Auf einem Gitterrost abkühlen lassen.

Sich Zeit nehmen

Für diese Suppe ist ein wenig Zeit für die Vorbereitung notwendig: Die getrockneten Kichererbsen und die Bohnen müssen etwa 8 Stunden eingeweicht und dann in viel Wasser weichgekocht werden. Um das authentische Aroma dieser recht deftigen Mahlzeit zu erzielen, lohnt sich auch die Herstellung von Smen, der klassischen marokkanischen, abgelagerten Butter. Die Fenchel-Honig-Brötchen können nach Belieben größer oder kleiner sein, und wenn Sie ein paar mehr davon machen, können Sie sie auch wunderbar mit Honig oder Käse zum Frühstück oder Mittagessen reichen.

4 Für die Suppe das Smen oder das Olivenöl in einem Suppentopf oder einer großen Pfanne erhitzen. Die Zwiebeln hinzufügen und etwa 15 Minuten unter Rühren garen, bis sie weich sind.

5 Den Ingwer, die Kurkuma, den Zimt und den Safran hinzufügen, anschließend die Tomaten und ein wenig Zucker. Die Linsen einrühren und mit der Brühe oder dem Wasser übergießen. Die Flüssigkeit zum Kochen bringen, dann die Hitze reduzieren und zugedeckt etwa 25 Minuten köcheln, bis die Linsen weich sind.

6 Die gekochten Kichererbsen und die Bohnen einrühren, wieder zum Kochen bringen, dann zugedeckt weitere 10–15 Minuten köcheln lassen. Die frischen Kräuter einrühren und die Suppe nach Belieben abschmecken. Kochend heiß servieren, zusammen mit den Fenchel-Honig-Brötchen.

Sautierte Hühnerlebern mit gerösteten Haselnüssen

Gebratene Innereien, wie etwa Leber und Nieren, sind eine beliebte Vorspeise, oft einfach in Olivenöl und Knoblauch gebraten und mit Zitrone zum Auspressen serviert. Dieses Hühnerlebergericht ergibt einen köstlichen, würzigen Appetizer, mit ein paar Salatblättern serviert oder auf dünnen Scheiben Toastbrot. In den Restaurants von Casablanca, wo der französische Einfluss immer noch stark ist, genießt man die Raffinesse dieses Gerichts sehr gerne.

FÜR 4 PERSONEN

2–3 EL Olivenöl
2–3 Knoblauchzehen, gehackt
1 getrocknete rote Chili, gehackt
1 TL Kreuzkümmelsamen
450 g Hühnerlebern, in mundgerechte Stücke geschnitten
1 TL gemahlener Koriander
1 Handvoll geröstete Haselnüsse,
  grob gehackt
2–3 TL Orangenblütenwasser
½ Salzzitrone, in dünne Scheiben
  geschnitten oder gehackt
Salz
schwarzer Pfeffer, gemahlen
1 kleines Bund frischer Koriander,
  fein gehackt, zum Bestreuen

1 Das Olivenöl in einer schweren Bratpfanne erhitzen und den Knoblauch, die Chili und die Kreuzkümmelsamen einrühren. Die Hühnerlebern zugeben und unter Wenden anbraten, bis sie auf allen Seiten braun sind. Die Hitze etwas reduzieren und 3–5 Minuten weiter garen.

2 Wenn die Lebern fast durch sind, den gemahlenen Koriander und die Haselnüsse zufügen. Das Orangenblütenwasser und die Salzzitrone einrühren. Nach Geschmack mit Salz und schwarzem Pfeffer würzen, mit ein wenig frischem Koriander bestreuen und sofort servieren.

Variationen

Lammleber, entfettet und in feine Scheiben geschnitten, schmeckt auf diese Weise gekocht ebenfalls köstlich. Der Trick ist, sie von außen scharf anzubraten, sodass die Mitte fast rosa bleibt und förmlich im Mund zerschmilzt. Wenn Sie kein Orangenblütenwasser haben, versuchen Sie es mit ein wenig Balsamico-Essig.

Gekühlte Mandel-Knoblauch-Suppe mit Trauben

Kalte Suppen haben in Nordafrika Tradition, auch wenn sie ursprünglich von den Arabern eingeführt wurden. Insbesondere diese milchig-weiße Suppe ist mit den Mauren weiter nach Spanien gereist. Sie schmeckt ungewöhnlich und ist stark knoblauchlastig, aber köstlich erfrischend an heißen Sommertagen und ein wunderbar würziger Auftakt für eine Sommerparty.

FÜR 4 PERSONEN

130 g blanchierte Mandeln
3–4 Scheiben Weißbrot ohne
   Kruste (1 Tag alt)
4 Knoblauchzehen
4 EL Olivenöl
etwa 1 l Eiswasser
2 EL Weißweinessig
Salz

Zum Garnieren

1 getrocknete rote Chili, geröstet
   und in feine Scheiben geschnitten
1 Hamdvoll süße weiße Weintrauben, halbiert und entkernt
1 Handvoll blanchierte Mandeln

1 Die blanchierten Mandeln in einen Mixer geben und mixen, bis eine glatte Paste entsteht. Das Brot, den Knoblauch, das Olivenöl und die Hälfte des Wassers hinzufügen und wieder glatt mixen. Bei laufendem Mixer in einem langsamen, stetigen Strom den Rest des Wassers zugießen, bis die Mixtur glatt und weich ist und die Konsistenz von Schlagsahne hat.

2 Nach Geschmack mit Essig und Salz würzen. Mindestens 1 Stunde kaltstellen, dann mit dem in Scheiben geschnittenen gerösteten Chili, den Weintrauben und den Mandeln als Garnitur servieren.

Samtige Kürbissuppe mit Reis

Die Straßen und Märkte des modernen Marokko sind voll von bunten Früchten der Saison, die dazu inspirieren, gleich nach dem Kauf nach Hause zu eilen und unverzüglich mit dem Kochen anzufangen. Besonders herrlich ist die Kürbissaison, mit den großen, orangefarbenen Köpfen, die überall in Buden und auf Holzkarren aufgestapelt sind. Die Verkäufer machen sich gern die Mühe und schälen Ihnen die Kürbisse und schneiden sie auf, sodass Sie sie sofort für diese wunderbare Wintersuppe verwenden können.

FÜR 4 PERSONEN
1 Kürbis (ca. 1 kg)
750 ml Hühnerbrühe
750 ml Milch
2–3 TL Zucker
75 g gekochter Reis
Salz
schwarzer Pfeffer, gemahlen
gemahlener Zimt, zum Dekorieren

1 Den Kürbis von allen Samen oder Fasern befreien, die Schale abschneiden und das Kürbisfleisch hacken. Den so vorbereiteten Kürbis in einen Topf geben und die Brühe, die Milch, den Zucker und die Gewürze zugeben. Zum Kochen bringen, dann die Hitze reduzieren und etwa 20 Minuten köcheln, bis der Kürbis zart ist. Den Kürbis abgießen und die Flüssigkeit auffangen. Den Kürbis in einem Mixer pürieren, dann zurück in den Topf geben.

2 Die Suppe wieder zum Kochen bringen, den Reis hineingeben und ein paar Minuten köcheln, bis die Körner erwärmt sind. Gut abschmecken, mit Zimt bestäuben und in Schalen geben. Kochend heiß servieren, dazu Brot reichen.

Tomaten-Kürbis-Suppe mit Ras el Hanout

Diese aromatische Suppe ist in vielen marokkanischen Haushalten die Chorba, die Alltagssuppe. Das Ras el Hanout verleiht ihr einen angenehm wärmenden Kick. Sie können die Suppe pürieren, wenn Ihnen das lieber ist, aber ich mag sie so, wie sie ist, verfeinert mit einem Klecks Joghurt und fein gehacktem Koriander. Knoblauchfans können eine zerdrückte Knoblauchzehe und ein wenig Salz ins Joghurt geben. Mit reichlich frischem Brot servieren.

FÜR 4 PERSONEN

3–4 EL Olivenöl

3–4 Gewürznelken

2 Zwiebeln, gehackt

1 Butternusskürbis, geschält, entkernt und in kleine Stücke geschnitten

4 Selleriestangen, gehackt

2 Karotten, geschält und gehackt

8 große, reife Tomaten, geschält und grob gehackt

1–2 TL Zucker

1 EL Tomatenpüree

1–2 TL Ras el Hanout

½ TL gemahlene Kurkuma

1,8 l Gemüsebrühe

1 großes Bund frischer Koriander, gehackt (ein paar Zweiglein zum Garnieren aufbewahren)

1 Handvoll getrocknete Eiernudeln oder Capellini, in Stücke gebrochen

Salz

schwarzer Pfeffer, gemahlen

4–5 EL cremiger Joghurt, als Topping

1 In einem tiefen, schweren Topf das Öl erhitzen und die Nelken, die Zwiebeln, den Kürbis, die Selleriestangen und die Karotten zugeben. So lange braten, bis sie Farbe annehmen, dann die Tomaten und den Zucker einrühren. Die Tomaten kochen, bis das Wasser reduziert ist und sie eindicken.

2 Das Tomatenpüree, das Ras el Hanout, die Kurkuma und den gehackten Koriander einrühren. Die Brühe eingießen und zum Kochen bringen. Die Hitze reduzieren und 30–40 Minuten köcheln, bis das Gemüse sehr weich ist und die Flüssigkeit sich etwas reduziert hat.

3 Für eine pürierte Suppe die Flüssigkeit etwas abkühlen lassen, dann in der Küchenmaschine oder dem Mixer pürieren, anschließend in den Topf zurückgießen und die Nudeln hinzufügen. Oder, für eine körnige Suppe, einfach die Nudeln in die unpürierte Suppe geben und weitere 8–10 Minuten kochen, bis die Nudeln weich sind. Die Suppe nach Geschmack würzen und in Schalen schöpfen. In jede Schale einen Klecks Joghurt geben, mit Koriander garnieren und mit frischem marokkanischem Brot servieren.

Streetfood

Kleine Köstlichkeiten, auf den Straßen Marokkos verkauft und verzehrt, verleihen den Städten und Dörfern eine grandiose Atmosphäre. Überall in den Souks, alten Medinas, winzigen Gässchen, belebten Boulevards, an Meereshäfen und Zug- und Busbahnhöfen steht das Essen im Mittelpunkt. Straßenverkäufer bieten ihre Spezialitäten in zusammengezimmerten Buden feil oder tragen sie in Körben und auf Tabletts durch die Menge.

Scharf gewürzte Teigschnecken, süße Haschischbällchen, aromatische Brote und Pasteten mit deftigen Füllungen tauchen plötzlich wie aus dem Nichts auf. Tragtiere und Händler, mit schweren Getreidesäcken beladen, gehen gleichermaßen gebeugt unter ihrer Last, und von den Feldern kommen Karren mit frisch geerntetem Gemüse, von Pferden oder Eseln gezogen.

Fast mittelalterlich wirkt die Szenerie, wenn Gruppen von streng verschleierten Frauen in dunklen Gassen im schräg durch die staubige Luft einfallenden Sonnenlicht stehen und um ihre Errungenschaften feilschen, und wenn von der Arbeit verdreckte Männer mit brennenden Zigaretten zwischen den Lippen geschäftig hin und her hasten, um Waren auszupacken, Stände aufzubauen und Essen zuzubereiten. Bis tief in die Nacht hinein ist die Luft schwer vom Geruch nach Feuer, Rauch und allen möglichen Essensdünsten.

Schon im Morgengrauen werden überall golden leuchtende Teigpuffer in großen Kesseln frittiert und in Papierfolien zum Verkauf angeboten. Menschen versammeln sich in Cafés, um Schalen von dampfender Harira zu verzehren, einer beliebten Kichererbsen-Linsen-Suppe, oder sich einen Teller Beghrir bringen zu lassen, dicke honigtriefende Pfannkuchen, die am besten heiß gegessen werden.

Der verlockende Duft von frisch gebackenem Brot schwängert die Luft, überall warten Trockenfrüchte und Nüsse, Gewürze und Kräuter darauf, aufgeknabbert oder über einen Snack gestreut zu werden. Zu jeder Tages- und Nachtzeit wird nach Herzenslust gegessen.

Beghrir

Diese Pfannkuchen sind auf einer Seite glatt, auf der anderen blasig, und sie schmelzen förmlich im Mund. Mit Honig oder in Zucker getränkt, werden sie in Marokko an kühlen Wintermorgen oft zum Frühstück serviert, und auch als Straßensnack sind sie äußerst beliebt. Zu Hause munden sie wundervoll, wenn sie etwa mit Erdbeermarmelade oder, wie Blinis, mit geräuchertem Lachs und Schmand serviert werden.

FÜR 20–30 STÜCK

40 g frische Hefe
400 g feiner Grieß
115 g Mehl
1 TL Salz
3 Eier
300 ml Milch
900 ml Wasser
Öl zum Braten
75 g Butter
klarer Honig, zum Servieren

1 Die Hefe in eine kleine Schüssel geben und 2 EL lauwarmes Wasser zugießen. Mit einem Löffel nach und nach mit dem Wasser verrühren, bis sie sich aufgelöst hat. Falls nötig, ein wenig mehr Wasser hinzufügen, sodass die Hefe eine dünne, cremige Paste ergibt. Die Schüssel abdecken und etwa 15 Minuten an einen warmen Ort stellen, bis die Hefe schaumig ist und Blasen wirft.

2 Den Grieß und das Mehl mit dem Salz in eine große Schüssel sieben. In die Mitte eine Kuhle drücken und die Eier hineinschlagen. Die Milch und das Wasser zusammen erhitzen, bis sie eine gemäßigte Wärme erreicht haben, dann unter ständigem Schlagen in die Schüssel gießen. Die Hefemixtur dazugießen und 5 Minuten weiterschlagen. Die Schüssel mit einem Tuch bedecken und den Teig an einem warmen Ort mindestens 2 Stunden gehen lassen.

3 Eine schwere Bratpfanne erhitzen und mit einem Stück Küchenrolle mit dem Öl einfetten. Eine kleine Kelle voll Teig in die Pfanne gießen und glatt ausstreichen. Etwa 2 Minuten braten, bis sich auf der Oberfläche Blasen bilden und sich im Teig festsetzen. Herausheben und zum Warmhalten in ein Tuch einwickeln. Mit dem verbleibenden Teig wiederholen.

4 Die Butter in einer großen Pfanne schmelzen und die Pfannkuchen kurz eintauchen oder sie alternativ mit der Butter übergießen. Noch warm mit klarem Honig servieren.

5 Falls keine frische Hefe zu bekommen ist, 20 g Trockenhefe verwenden. Diesen Hefetyp vor dem Zufügen der Flüssigkeiten mit dem Grieß und dem Mehl mischen. Dann wie oben beschrieben fortfahren.

Kesra

Marokkanische oder andere Fladenbrote sind die perfekte Begleitung zu allen Arten von pikanten Gerichten. Große Stücke des warmen, knusprigen Brots sind ein wundervolles Instrument, um geschmackvolle Dips aufzunehmen oder die aromatischen Öle und Soßen von Salaten und Tajines aufzustippen. Wenn Sie wenig Zeit haben, können Sie Focaccia oder Ciabattabrot als Alternative benutzen.

ERGIBT 2 RUNDE LAIBE

Pflanzenöl
75 g Maismehl
½ TL Trockenhefe
1 TL Zucker
600 ml lauwarmes Wasser
450 g Weizenmehl
1 TL Salz
2 EL geschmolzene Butter
Sesamsamen zum Bestreuen

1 Zwei Backbleche leicht einölen und mit 1 EL Maismehl bestreuen. In einer kleinen Schüssel die Hefe und den Zucker in etwa 50 ml lauwarmem Wasser auflösen. Das Weizenmehl, das verbleibende Maismehl und das Salz in eine Schüssel sieben. Eine Kuhle in die Mitte drücken und die Hefemixtur und die geschmolzene Butter hineingeben. Nach und nach das verbleibende Wasser hinzufügen, währenddessen das Mehl von den Schüsselseiten hereinstreichen und die Zutaten zu einem Teig vermischen. Wenn der Teig zu klebrig wird, etwas mehr Mehl hinzufügen.

2 Den Teig auf einer bemehlten Arbeitsfläche etwa 10 Minuten lang kneten, bis er glatt und elastisch ist. Ihn dann in zwei Hälften teilen und jede Hälfte zu einer Kugel formen. Die Teigkugeln abflachen und in Kreise von etwa 20 cm Durchmesser ziehen. Auf die Backbleche legen und mit Sesamsamen bestreuen. Die Laibe mit feuchten Tüchern bedecken und an einem warmen Ort etwa 1 Stunde stehen lassen, bis sie doppelt so groß sind.

3 Den Backofen auf 220 °C vorheizen. Die Oberflächen der Laibe mit den Fingern kneifen oder sie mit einer Gabel anstechen. Etwa 15 Minuten weiterbacken, dann die Ofentemperatur auf 180 °C reduzieren und weitere 15 Minuten backen, bis die Laibe golden und knusprig sind sowie beim Daraufklopfen hohl klingen. Auf einem Gitterrost abkühlen lassen.

> ### Das Brot formen und würzen
>
> Sie können den Teig nach Belieben formen oder auch zu kleineren Brötchen verarbeiten. Bei festlichen Gelegenheiten werden Anissamen oder Fenchelsamen als Würze hinzugefügt. Für ein köstliches Frühstücksbrot benutzen Sie am besten je zur Hälfte Vollkorn- und Weizenmehl und fügen mit dem lauwarmen Wasser ein wenig Honig zum Teig dazu.

Würzige, gefüllte Röllchen

In Marokko als Briouats bekannt, sind diese kleinen würzigen Pasteten mit Lamm- oder Rinderhack, Spinat oder Käse mit Kräutern gefüllt. Sie sind leicht herzustellen und werden normalerweise zu Röllchen oder Dreiecken geformt, und die Füllungen können je nach individuellem Geschmack variieren. Die Füllung kann man gut schon vorher zubereiten, aber man sollte den Teig erst aufwickeln, wenn alles fertig ist, da er sonst austrocknet.

FÜR ETWA 32 STÜCK
8 Lagen Ouarka oder Filoteig
Sonnenblumenöl zum Frittieren

Für die Fetakäse-Füllung
450 g Fetakäse
4 Eier
1 Bund frischer Koriander,
  fein gehackt
1 Bund glatte Petersilie, fein gehackt

Für die Rindfleischfüllung
1–2 EL Olivenöl
1 Zwiebel, fein gehackt
2 EL Pinienkerne
1 TL Ras el Hanout
225 g Rinderhack
Salz
schwarzer Pfeffer, gemahlen

Für die Spinatfüllung
50 g Butter
1 Zwiebel, fein gehackt
275 g frischer Spinat, gekocht,
  abgegossen und gehackt
1 kleines Bund frischer Koriander,
  fein gehackt
1 Prise geriebene Muskatnuss
Salz
schwarzer Pfeffer, gemahlen

1 Die Füllungen vorbereiten. Für die Fetakäse-Füllung den Käse in eine Schüssel geben und mit einer Gabel zerdrücken, dann die Eier und die gehackten Kräuter unterrühren.

2 Für die Rindfleischfüllung das Olivenöl in einer schweren Bratpfanne erhitzen. Die Zwiebel und die Pinienkerne hinzufügen; unter Rühren anbraten, bis sie Farbe annehmen, dann das Ras el Hanout einrühren. Das Rindfleisch zufügen und etwa 15 Minuten unter Rühren braten, bis es gebräunt ist. Abschmecken und kalt stellen.

3 Für die Spinatfüllung die Butter in einer kleinen, schweren Pfanne schmelzen. Die Zwiebel zufügen und auf niedriger Hitze etwa 15 Minuten dünsten, bis sie weich ist. Den Spinat und den Koriander einrühren. Mit Muskatnuss, Salz und Pfeffer abschmecken, dann kalt stellen.

4 Ein Blatt Ouarka oder Filoteig auf eine Arbeitsfläche legen. Das Blatt der Breite nach in vier Streifen schneiden. Ein wenig Füllung den Rand entlang auf dem ersten Streifen verteilen, die Teigecken über die Füllung klappen, um sie zu verschließen, dann den Teig mitsamt Füllung in ein festes Röllchen rollen. Die Ränder mit ein wenig Wasser benetzen und prüfen, dass das Röllchen fest verschlossen ist. Mit den anderen Teigstreifen wiederholen und die fertigen Röllchen unter ein feuchtes Tuch legen.

5 Das Sonnenblumenöl zum Frittieren auf 180 °C erhitzen, bis ein Würfel von einem Tag altem Brot in 30–45 Sekunden braun wird. Die Röllchen portionsweise ins Öl geben und auf mittlerer Hitze frittieren, bis sie goldbraun sind. Auf Küchenpapier abtropfen lassen und warm servieren.

Majoun im Sesammantel

Diese süß-scharfen Frucht-Nuss-Bällchen finden sich in Marokko an jeder Straßenecke. Die Würzmenge variiert je nach Gusto des Kochs, und das Geheimnis ihres köstlichen Geschmacks hängt oft davon ab, wie viel Haschisch man benutzt. Dies sind nämlich die berühmt-berüchtigten Haschisch-Bällchen, als Rauschmittel oder als Aphrodisiakum überaus beliebt; in dieser Version jedoch ist das Haschisch weggelassen (zu einem gewissen Nachteil des Aromas!).

FÜR ETWA 20 STÜCK

500 g blanchierte Mandeln
250 g Walnüsse
500 g Rosinen
250 g klarer Honig
130 g Butter
1 ½ TL Ras el Hanout
1 ½ TL gemahlener Ingwer
60–75 g Sesamsamen

1 Die Mandeln, die Walnüsse und die Rosinen in einem Mixer fein hacken oder pürieren, bis sie eine grobkörnige, leicht klebrige Mixtur bilden. Alternativ dieselben Zutaten portionsweise unter Gebrauch eines Stößels in einem großen Mörser zerstoßen, bis die richtige Konsistenz entsteht.

2 In einer großen schweren Pfanne die Butter schmelzen und den Honig, das Ras el Hanout und den Ingwer einrühren. Die Nüsse und die Rosinen zugeben und auf geringer Hitze ein paar Sekunden rühren, bis die Mixtur gut gemischt, fest und klebrig ist. Ein wenig abkühlen lassen, dann in etwa 20 Bällchen formen. Die Bällchen in Sesam ausrollen, um sie komplett zu ummanteln.

Scharfe Kochbananen-Snacks

Süße und knusprig frittierte Kochbananenscheiben sind nicht nur ein toller Straßensnack, sondern sie können auch wunderbar zu einem Getränk geknabbert werden. Stellen Sie sicher, dass die Kochbananen reif sind – ihre Schale sollte braun und fleckig sein –, sonst tendieren sie dazu, holzig statt süß und fruchtig zu sein. Seien Sie großzügig mit den Gewürzen, da die stärkehaltigen Kochbananen kräftige Aromen gut transportieren.

**FÜR 2–4 PERSONEN
ALS SNACK**

2 große, reife Kochbananen
Sonnenblumenöl zum Frittieren
1 getrocknete rote Chili, geröstet,
  entkernt und gehackt
1–2 EL Zahtar
grobes Salz

1 Um die Kochbananen zu schälen, mit einem scharfen Messer ihre Enden abschneiden und die Schale zwei- oder dreimal über die ganze Länge einschneiden, dann abziehen. Die Bananen in dicke Scheiben schneiden.

2 Das Öl zum Frittieren auf 180 °C erhitzen, bis ein Stück ein Tag altes Brot in 30–45 Sekunden darin bräunt. Die Bananenscheiben in Schichten frittieren, bis sie goldbraun sind. Jede Schicht auf einer doppelten Lage Küchenpapier abtropfen lassen.

3 Die Scheiben noch warm in eine flache Schale legen und großzügig mit der getrockneten Chili, dem Zahtar und dem Salz bestreuen. Sorgfältig wenden und sofort essen.

Chili rösten
Die Chili in eine kleine, schwere Bratpfanne geben und auf mittlerer Hitze unter ständigem Rühren erwärmen, bis sie dunkel wird und ein pfeffriges Aroma abgibt.

Pastete mit Ei und Cashewnüssen

Dies ist eine schlichte Version der aufwendigen und sehr traditionellen Bastilla. Man kann im Grunde alle Arten von Nüssen und Kräutern verwenden, aber Cashewnüsse geben diesem Rezept einen ungewöhnlichen Touch. Serviert mit einem fruchtigen marokkanischen Salat, wie etwa Artischockenherzen-Orangen-Salat oder Grapefruit-Fenchel-Salat, wird diese Pastete zu einer köstlichen Hauptmahlzeit. An warmen Sommertagen kann man sie auch wunderbar zu einem Picknick mitnehmen.

FÜR 6 PERSONEN

2 EL Olivenöl
115 g Butter
8 Frühlingszwiebeln, geschält
  und gehackt
2 Knoblauchzehen, gehackt
25 g frische Ingwerwurzel,
  geschält und gehackt
225 g Cashewnüsse, grob gehackt
1–2 TL gemahlener Zimt
1 TL Paprika
½ TL gemahlener Koriander
6 Eier, geschlagen
1 Bund glatte Petersilie, fein gehackt
1 großes Bund frischer Koriander,
  fein gehackt
8 Blätter Ouarka oder Filoteig
Salz
schwarzer Pfeffer, gemahlen

1 Den Backofen auf 200 °C vorheizen. Das Olivenöl mit ein wenig Butter in einer schweren Pfanne erhitzen und die Frühlingszwiebeln, den Knoblauch und den Ingwer einrühren. Die Cashewnüsse zufügen und kurz braten, dann den Zimt, das Paprika und den gemahlenen Koriander einrühren. Die Eier hinzufügen und unter ständigem Rühren braten, bis die Eier sich zu verquirlen beginnen, aber feucht bleiben. Die Pfanne vom Herd nehmen, die Petersilie und den frischen Koriander zufügen und abkühlen lassen.

2 Die verbleibende Butter schmelzen. Die Ouarka- oder Filoteig-Blätter trennen und unter ein leicht feuchtes Tuch legen. Den Boden einer ofenfesten Form mit ein wenig geschmolzener Butter bepinseln und mit einem Teigblatt bedecken, dessen Ränder ruhig über die Kante kippen dürfen. Den Teig mit ein wenig geschmolzener Butter bepinseln und mit einer weiteren Teiglage bedecken. Mit weiteren zwei Teiglagen wiederholen und so vier Schichten bilden.

3 Die Cashewnuss-Mischung auf dem Teig verteilen und die Teigränder über die Füllung klappen. Mit den verbleibenden Teiglagen bedecken, dabei jede mit geschmolzener Butter bepinseln und die Ränder unter die Pastete stecken.

4 Die Oberfläche der Pastete mit der verbleibenden geschmolzenen Butter bepinseln und 25 Minuten backen, bis der Teig golden und knusprig ist. Die Oberfläche der Pastete mit ein wenig gemahlenem Zimt bestäuben und dann sofort servieren.

Fisch-Chermoula-Pastetchen

Diese kleinen würzigen Pasteten werden mit dem marokkanischen Feinteig Ouarka gemacht, aber man kann genauso gut Filoteig nehmen. Die Füllung ist stark mit Chermoula gewürzt, einer Mischung aus Gewürzen und Unmengen von frischem Koriander und glatter Petersilie. Die Chermoula kann vorher schon zubereitet und ein paar Tage im Kühlschrank aufbewahrt werden. Die Füllung lässt sich auch variieren, indem man sie beispielsweise durch Mies- oder Jakobsmuscheln anreichert.

FÜR 8 PERSONEN

500 g festes weißes Fischfilet
225 g ungekochte Riesengarnelen
16 Blätter Ouarka oder Filoteig
4–5 EL Sonnenblumenöl
1 Eigelb, gemischt mit ein paar
   Tropfen Wasser
Salz

Für die Chermoula

5 EL Olivenöl
Saft von 1 Zitrone
1 TL gemahlener Kreuzkümmel
1–2 TL Paprika
2–3 Knoblauchzehen, zerdrückt
1 rote Chili, entkernt und gehackt
1 Bund Petersilie, gehackt
1 Bund frischer Koriander, gehackt

1 Für die Chermoula alle Zutaten in einer Schüssel vermischen und dann zur Seite stellen. Den Fisch in eine Bratpfanne legen und gerade genug Wasser zugießen, um die Filets zu bedecken. Ein wenig salzen und bis zum Siedepunkt erhitzen, dann 3 Minuten sanft köcheln, bis der Fisch leicht zu bröckeln beginnt. Den Fisch mit einem Schaumlöffel aus der Flüssigkeit heben, aufklappen und sorgfältig alle Gräten entfernen.

2 Die Garnelen 10 Minuten im Fischsud dünsten, bis sie rosa werden, dann herausnehmen und schälen. Die Garnelen und den Fisch sanft in der Chermoula wenden, abdecken und 1 Stunde zur Seite stellen.

3 Den Backofen auf 180 °C vorheizen und zwei Backbleche einfetten. Für die Pasteten die Filoteig-Blätter auslegen, aber unter einem feuchten Tuch halten. Zwei Teigblätter pro Pastete nehmen: Eines mit Öl einpinseln und das zweite darauf legen, dann ebenfalls mit ein wenig Öl einpinseln. Ein wenig von der Fischmischung mittig an den Rand der Längsseite des Teigblatts legen, diesen dann über die Füllung klappen und die andere Seite ebenfalls umklappen, um die Füllung ganz zu bedecken. Dann die Teigenden um die Füllung wickeln wie einen Kragen und die Ränder einstecken,

um ein festes Päckchen zu machen; dieses mit dem Eigelb einpinseln.

4 Dies mit dem Rest des Filoteigs und der Chermoula-Mixtur wiederholen, dann die Pasteten etwa 20 Minuten backen, bis der Teig goldbraun ist.

Dreieckige oder offene Pasteten
Statt zu festen Päckchen kann man den Filoteig mit der Füllung auch zu Dreiecken oder Schiffchen formen.

Pita mit Huhn und Salat

Salate mit Gurken und Tomaten sind so einfach und doch unglaublich vielseitig. Wegen ihres erfrischenden Aromas und ihrer knackigen Struktur machen sie sich wunderbar auf gemischten Vorspeisentellern, doch auch bei einem Festmahl mit mehreren Gängen sind sie als Gaumenreiniger unverzichtbar. Und für einen Snack zwischendurch können sie problemlos in Pita- oder Fladenbrot-Wraps gewickelt werden. Das Hühnerfleisch in diesem Rezept kann warm oder kalt sein und Sie können sowohl Hühnerbrust verwenden als auch die Reste eines großen Grillhähnchens.

FÜR 6 PERSONEN

1 Gurke, geschält und gewürfelt
3 Tomaten, geschält, entkernt
   und gehackt
2 Frühlingszwiebeln, gehackt
2 EL Olivenöl
1 Bund glatte Petersilie, fein gehackt
1 kleines Bund Minze, fein gehackt
½ Salzzitrone, fein gehackt
3–4 EL Tahini
Saft von 1 Zitrone
2 Knoblauchzehen, zerdrückt
6 Pitabrote
½ Hähnchen oder 2 große
   gebratene Hühnerbrüste,
   in Streifen geschnitten
Salz
schwarzer Pfeffer, gemahlen

1 Die gewürfelte Gurke in ein Sieb über eine Schüssel legen, mit ein wenig Salz besprenkeln und 10 Minuten abtropfen lassen. Gut abspülen und wieder abtropfen lassen, dann mit den gehackten Tomaten und den Frühlingszwiebeln in eine Schüssel geben. Das Olivenöl, die Petersilie, die Minze und die Salzzitrone einrühren. Gut abschmecken.

2 In einer kleinen Schüssel die Tahini mit dem Zitronensaft vermischen und die Mixtur dann mit ein wenig Wasser verdünnen, bis sie eine sahnige Konsistenz erreicht hat. Den Knoblauch unterrühren und würzen.

3 Den Grill auf höchster Stufe vorheizen. Die Pitabrote ein wenig entfernt von der Hitzequelle leicht toasten, bis sie leicht aufgehen. (Alternativ die Brote in einem Toaster leicht toasten.) Die Brote aufschneiden und üppig mit dem Hühnchen und dem Salat füllen. Eine großzügige Menge Tahinisoße dazugeben und sofort servieren.

Tahini
Diese dicke, cremige Sesampaste wird in ganz Nordafrika und dem Mittleren Osten genossen. Es gibt zwei Arten von Tahini: eine helle und eine dunkle Paste. Die hellere ist der dunklen in Aroma und Textur überlegen.

Frühlingsrollen mit Hühnchen

Die klassische Tauben-Bastilla ist Marokkos berühmtestes Gericht. Dieses Rezept ist eine Frühlingsrollenversion davon, die man auch als Streetfood findet und einfach zwischendurch isst. Am besten schmeckt sie, wenn man einen süßen Dip aus gemahlenen Mandeln und Zimt dazu reicht.

FÜR 6 PERSONEN
2 EL Mehl
2 EL Wasser
12 große Frühlingsrollen-Hüllen
Sonnenblumenöl zum Frittieren

Für die Füllung
1 kleines Hühnchen
½ Zwiebel, fein gehackt
3–4 Knoblauchzehen, fein gehackt
2 EL Butter
1 Zimtstange
1 TL gemahlener Ingwer
1 TL Ras el Hanout
1 Prise Safranfäden
1 Bund glatte Petersilie, gehackt
1 kleines Bund frischer Koriander,
  gehackt
6 Eier, geschlagen
2 TL Orangenblütenwasser
½ Zitrone
6–8 Frühlingszwiebeln, in dicke
  Scheiben geschnitten
Salz
schwarzer Pfeffer, gemahlen

Für die Dipmischung
115 g blanchierte Mandeln, leicht
  geröstet und körnig gemahlen
2 EL Puderzucker
1–2 TL gemahlener Zimt

1 Für die Füllung das Hühnchen in einen großen Topf legen und mit Wasser bedecken. Die Zwiebel, den Knoblauch, die Butter, den Zimt, den Ingwer, das Ras el Hanout, den Safran, die Hälfte der Petersilie und des Korianders zufügen. Zum Kochen bringen und zugedeckt etwa 1 Stunde köcheln, bis das Hühnchen gar ist.

2 Das Hühnchen aus dem Topf heben und die Kochflüssigkeit bis auf 550 ml einkochen. Salzen, pfeffern und von der Hitze nehmen. Die Eier in die heiße Brühe geben und umrühren, bis sie gestockt sind, dann durch ein feines Sieb abgießen.

3 Das Hühnerfleisch in Stücke schneiden. Das Ei mit der verbliebenen Petersilie und dem Koriander, das Orangenblütenwasser, den Zitronensaft und die Frühlingszwiebeln zugeben. Gut mischen. Die Zutaten für die Dipmischung in eine andere Schüssel geben.

4 Das Mehl mit dem Wasser zu einer Paste mischen. Eine Frühlingsrollen-Hülle so auf eine Arbeitsfläche legen, dass eine Ecke in Ihre Richtung schaut. Ein wenig Mandeldipmixtur über die Hülle sprenkeln. Einen Esslöffel von der Hühnchenmischung 5 cm von der Ecke entfernt diagonal in eine Linie legen, dann die Ecke über die Füllung klappen und leicht einrollen. Die Teigränder so umklappen, dass sie überlappen und die Füllung umschließen. Die Frühlingsrolle fest aufrollen, dann die Enden mit ein wenig Mehlpaste verschließen. Mit den verbleibenden Hüllen und der restlichen Füllung wiederholen.

5 Das Sonnenblumenöl zum Frittieren auf 180 °C erhitzen, bis ein Stück ein Tag altes Brot in 30–45 Sekunden bräunt. Je drei oder vier Frühlingsrollen auf einmal backen, bis sie knusprig und golden sind. Auf Küchenpapier abtropfen lassen und sofort servieren, dazu die Mandelmischung zum Dippen reichen.

Kefta mit Ei und Tomate

Dieses Eier-Tomaten-Gericht ist an Bus- und Bahnhöfen sowie Häfen überall im Mittleren Osten und in Nordafrika sehr beliebt bei Reisenden, die sich beim Warten schnell verköstigen wollen. Es wird direkt aus der Pfanne gegessen und ist sehr praktisch für einen leckeren Brunch oder ein unkompliziertes Abendessen.

FÜR 4 PERSONEN

225 g fein gehacktes Lamm
1 Zwiebel, fein gehackt
50 g frische Semmelbrösel
5 Eier
1 TL gemahlener Zimt
1 kleines Bund glatte Petersilie,
    fein gehackt
2 EL Olivenöl
ein wenig Butter
400 g gehackte Dosentomaten
2 TL Zucker
1 TL Ras el Hanout
1 kleines Bund frischer Koriander,
    grob gehackt
Salz
schwarzer Pfeffer, gemahlen
knuspriges Brot zum Anrichten

1 In einer Schüssel das Lammhack mit der Zwiebel, den Semmelbröseln, 1 Ei, dem Zimt, der Petersilie sowie Salz und Pfeffer verkneten, bis alles gut durchmischt ist. Eine kleine Menge abnehmen und zu einem Klößchen in der Größe einer Walnuss formen. Mit der verbleibenden Mischung wiederholen, bis etwa 12 Klößchen gerollt sind.

2 Das Olivenöl mit der Butter in einer großen schweren Bratpfanne erhitzen. Die Fleischklößchen anbraten, bis sie schön gebräunt sind, gelegentlich umwenden, damit sie gleichmäßig garen. Die Tomaten, den Zucker, das Ras el Hanout und den Großteil des Korianders zugeben. Zum Kochen bringen, ein paar Minuten kochen, um die Flüssigkeit zu reduzieren, und die Klößchen in

der Soße rollen. Nach Geschmack mit Salz und Pfeffer würzen.

3 Für die verbleibenden 4 Eier in der Pfanne Raum zwischen den Fleischklößchen schaffen und sie hineinschlagen. Die Hitze reduzieren

und bei geschlossenem Topf etwa 3 Minuten garen, bis die Eier gestockt sind. Mit dem verbleibenden Koriander besprenkeln und in der Pfanne servieren, mit Brotstücken zum Aufstippen.

Geröstetes, Gegrilltes und Gebratenes

Ob auf offenem Feuer gegrillt oder geröstet, in der Pfanne gebraten oder im Ofen gebacken: An Fisch, Fleisch und Geflügel herrscht in Marokko kein Mangel. Beim Rösten, Grillen und Braten wird das Fleisch von außen gegart, während es in der Mitte feucht und zart bleibt. Gemüse, das auf diese Weise zubereitet wird, hat die Tendenz, dass die Schale karamellisiert und das natürliche Aroma des Fruchtfleisches eingeschlossen wird.

Schwertfisch, Thunfisch, Seeteufel, Meerbrasse, Rotbarbe, Hai, Sardinen und frische Anchovis aus der Meeresenge von Gibraltar und dem Atlantischen Ozean sind in Marokko immer verfügbar. Zusätzlich zu allgegenwärtigen Fleischsorten wie Rind, Lamm und Huhn kommen aus den fruchtbaren Ebenen und den Weiten der Wälder und Gebirge auch Taube, Wachtel, Rebhuhn, Hase, Kaninchen, Ziege und Kamel. Fisch wird im Allgemeinen in der aromatischen Gewürzpaste Chermoula mariniert und dann gegrillt, gebraten oder gebacken. Fleisch und Geflügel werden oft auch einfach direkt auf offenem Feuer gegrillt oder geröstet, vor allem im Sommer.

Ob die Hauptzutat nun Fisch, Fleisch, Geflügel oder Gemüse ist, die traditionellen Methoden des Röstens, Grillens und Bratens stehen Ihnen alle offen, um eindrucksvolle Gerichte mit modernem Aroma zu zaubern. Statt einer traditionellen Grube und offenem Feuer greifen Sie einfach zum modernen Grill, Backofen oder zur Pfanne, um so wunderbare Speisen zu kreieren wie gegrillte Schwertfisch-Steaks mit gerösteten Tomaten, gebratene Wachteln oder scharfe Rinderhack-Kebabs.

Butternusskürbis mit karamellisierten Schalotten

Sie können dieses Gericht als eigenständige vegetarische Mahlzeit servieren oder auch als Beilage oder Garnitur für Couscous. Je nach Saison können Sie den Butternusskürbis auch durch normalen Kürbis ersetzen. Ein Klecks knoblauch-gewürztes Joghurt oder ein Löffel Harissa passt sehr gut zu Kürbis und Schalotten. Ich serviere dieses Gericht oft mit einem kräuter-aromatisierten Couscous und einem grünen Salat zum Abendessen.

FÜR 4 PERSONEN

900 g geschälter Butternusskürbis, in dicke Scheiben geschnitten

120 ml Wasser

3–4 EL Olivenöl

1 Klümpchen Butter

16–20 rosa Schalotten, geschält

10–12 Knoblauchzehen, geschält

115 g blanchierte Mandeln

75 g Rosinen oder Sultaninen, 15 Minuten in warmes Wasser eingeweicht und abgetropft

2–3 EL klarer Honig

2 TL gemahlener Zimt

1 kleines Bund Minze, gehackt

Salz

schwarzer Pfeffer, gemahlen

1 Zitrone, in Spalten geschnitten, zum Anrichten

1 Den Backofen auf 200 °C vorheizen. Den Butternusskürbis in eine ofenfeste Form geben, das Wasser hinzugießen, abdecken und etwa 45 Minuten kochen, bis er weich ist.

2 Inzwischen das Olivenöl und die Butter in einer großen, schweren Pfanne erhitzen. Die Schalotten hineinrühren und anbraten, bis sie zu bräunen beginnen. Den Knoblauch und die Mandeln einrühren. Wenn der Knoblauch und die Mandeln zu bräunen beginnen, die Rosinen und Sultaninen zufügen.

3 Weiterbraten, bis die Schalotten und der Knoblauch zu karamellisieren beginnen, dann den Honig und den Zimt einrühren. Ein wenig Wasser zufügen, wenn die Mixtur zu trocken wird. Gut salzen und pfeffern, dann von der Hitze nehmen.

4 Den Kürbis mit der Schalotten-Knoblauch-Mixtur bedecken und wieder in den Ofen stellen, ohne Deckel etwa 15 Minuten weiterbraten. Mit frischer Minze bestreuen und mit Zitronenspalten zum Ausdrücken servieren.

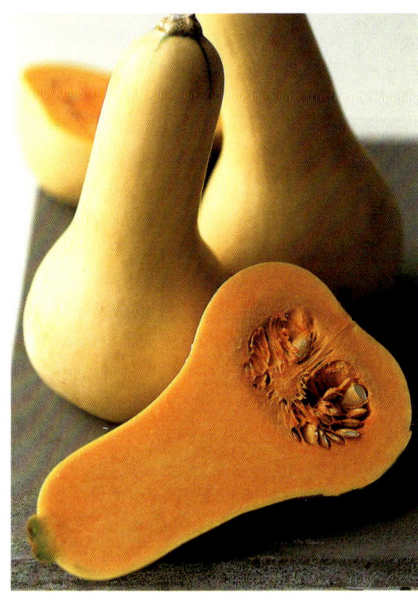

Rotbarbe mit Chermoula und Salzzitronen

Die Koriander-Chili-Chermoula als Marinade gibt diesem Gericht seine ausdrucksvolle Würze, Oliven und Salzzitronen fügen eine spannende Note hinzu. Als Happen für sich bilden diese Rotbarben einen köstlichen Appetizer, aber mit Safrancouscous und einem knackigen, kräuterreichen Salat sind sie auch ein herrliches Hauptgericht.

FÜR 4 PERSONEN

2–3 TL Olivenöl
1 Zwiebel, gehackt
1 Karotte, gehackt
½ Salzzitrone, fein gehackt
4 Eiertomaten, geschält und gehackt
600 ml Fischbrühe oder Wasser
3–4 neue Kartoffeln, geschält und
    gewürfelt
4 kleine Rotbarben, ausgenommen
    und filetiert
1 Handvoll schwarze Oliven,
    entkernt und halbiert
1 kleines Bund frischer Koriander,
    gehackt
1 kleines Bund Minze, gehackt
Salz
schwarzer Pfeffer, gemahlen

Für die Chermoula

1 kleines Bund frischer Koriander,
    fein gehackt
2–3 Knoblauchzehen, gehackt
1–2 TL gemahlener Kreuzkümmel
1 Prise Safranfäden
4 EL Olivenöl
Saft von 1 Zitrone
1 scharfe rote Chili, entkernt
    und gehackt
1 TL Salz

1 Für die Chermoula die Zutaten in einem Mörser mit einem Stößel zermahlen, oder sie in einem Mixer pürieren, dann beiseitestellen.

2 Das Olivenöl in einer Pfanne erhitzen. Die Zwiebel und die Karotte hinzufügen und dünsten, bis sie weich, aber nicht gebräunt sind. Die halbe Salzzitrone zusammen mit 2 EL Chermoula, den Tomaten und dem Sud oder Wasser einrühren. Zum Kochen bringen, dann die Hitze reduzieren, zudecken und etwa 30 Minuten köcheln. Die Kartoffeln zufügen und weitere 10 Minuten köcheln, bis sie weich sind.

3 Den Grill auf der höchsten Stufe vorheizen und ein Backblech oder eine Grillpfanne mit Öl einpinseln. Die Fischfilets mit Olivenöl und ein wenig Chermoula bestreichen. Salzen und pfeffern, dann die Filets mit der Hautseite nach oben auf das Blech oder in die Pfanne legen und im Grill 5–6 Minuten backen.

4 Inzwischen die Oliven, die verbleibende Chermoula und die Salzzitrone in die Soße rühren und abschmecken. Die Fischfilets in weiten Schüsseln servieren, die Soße darüberträufeln und mit gehacktem Koriander und Minze bestreuen.

Gegrillter Fisch in Weinblättern mit süß-saurer Chili-Soße

Für diese Spieße kann man fast jede Art von festem, weißem Fisch verwenden. Er wird erst in Chermoula mariniert und dann in Weinblätter gewickelt, um die Aromen einzuschließen. Das Weinblattpäckchen wird knusprig gegrillt – ein Kontrast zu seinem saftigen, aromatischen Inhalt. Die perfekte Ergänzung ist die pikante, süß-saure Soße zum Dippen.

FÜR 4 PERSONEN

etwa 30 eingelegte Weinblätter
4–5 große weiße Fischfilets, enthäutet (z. B. Schellfisch, Lengfisch oder Seeteufel)

Für die Chermoula

1 kleines Bund frischer Koriander, fein gehackt
2–3 Knoblauchzehen, gehackt
1–2 TL gemahlener Kreuzkümmel
4 EL Olivenöl
Saft von 1 Zitrone
Salz

Für die Chili-Soße

50 ml Weißweinessig oder Zitronensaft
115 g feiner Zucker
1–2 EL Wasser
1 Prise Safranfäden
1 Zwiebel, fein gehackt
2 Knoblauchzehen, fein gehackt
2–3 Frühlingszwiebeln, in feine Scheiben geschnitten
25 g frische Ingwerwurzel, geschält und geraspelt
2 scharfe rote oder grüne Chilis, entkernt und fein geschnitten
1 kleines Bund frischer Koriander, fein gehackt
1 kleines Bund Minze, fein gehackt

1 Für die Chermoula die Zutaten in einem Mörser mit einem Stößel zermahlen oder sie in einem Mixer pürieren.

2 Die Weinblätter in einer Schüssel abspülen und dann in kaltem Wasser einweichen. Alle Gräten aus dem Fisch entfernen und jedes Filet in etwa acht mundgerechte Stücke schneiden. Die Fischstücke mit der Chermoula ummanteln, abdecken und 1 Stunde kalt stellen.

3 Inzwischen die Chilisoße vorbereiten. Den Essig oder den Zitronensaft mit dem Zucker und dem Wasser erhitzen, bis der Zucker sich aufgelöst hat. Etwa 1 Minute kochen, dann abkühlen lassen. Die verbleibenden Zutaten hinzufügen und gut mischen. Die Soße in Schälchen füllen.

4 Die Weinblätter abgießen und mit Küchenpapier trockentupfen. Ein Weinblatt flach auf die Arbeitsfläche legen und ein Stück von dem marinierten Fisch in die Mitte legen. Die Blattränder über den Fisch klappen, dann Fisch und Blatt zu einem kleinen Päckchen wickeln. Mit den verbleibenden Fischstücken und Weinblättern wiederholen. Die Päckchen auf Kebabspieße stecken und mit der übrigen Marinade einpinseln.

5 Den Grill auf höchste Stufe erhitzen und die Spieße 2–3 Minuten auf jeder Seite garen. Sofort mit der süß-sauren Chilisoße zum Dippen servieren.

Gewürzte Sardinen mit Grapefruit-Fenchel-Salat

Mit Kreuzkümmel und Koriander gewürzte Sardinen sind in Marokkos Küstenregionen sowohl in Restaurants als auch als Streetfood äußerst beliebt. Ich habe sie zum ersten Mal an einem Straßenstand in Tanger gegessen, mit einer würzigen Paste eingerieben, dann mit Mehl bestäubt und frittiert, und schließlich wie ein Sandwich mit einer Handvoll frischem Koriander zwischen zwei Scheiben Brot gelegt.

FÜR 4–6 PERSONEN

12 frische Sardinen, gesäubert
   und ausgenommen
1 Zwiebel, geraspelt
4–6 EL Olivenöl
1 TL gemahlener Zimt
2 TL Kreuzkümmelsamen, geröstet
   und gemahlen
2 TL Koriandersamen, geröstet und
   gemahlen
1 TL Paprika
1 TL gemahlener schwarzer Pfeffer
1 Bund frischer Koriander, gehackt
grobes Salz
2 Zitronen, in Keile geschnitten,
   zum Anrichten

Für den Salat

2 rubinrote Grapefruits
1 TL Meersalz
1 Fenchelknolle
2–3 Frühlingszwiebeln,
   fein geschnitten
½ TL Kreuzkümmel, gemahlen
   und geröstet
2–3 EL Olivenöl
1 Handvoll schwarze Oliven

1 Die Sardinen abspülen und mit Küchenpapier trockentupfen, dann innen und außen mit ein wenig grobem Salz einreiben. In einer Schüssel die geraspelte Zwiebel mit dem Olivenöl, dem Zimt, dem gemahlenen und gerösteten Kreuzkümmel und Koriander, dem Paprika und dem schwarzen Pfeffer mischen. Die Sardinen mehrfach einschneiden und die Zwiebel-Gewürz-Mischung überall auf dem Fisch verteilen, Die Sardinen etwa 1 Stunde stehen lassen, damit die Gewürzaromen das Fleisch durchdringen.

2 In der Zwischenzeit den Salat zubereiten. Die Grapefruits filetieren. Jedes Grapefruit-Filet halbieren, in eine Schüssel geben und mit Salz bestreuen. Den Fenchel putzen, längs halbieren und in feine Scheiben schneiden. Den Fenchel zu der Grapefruit geben und mit den Frühlingszwiebeln, dem Kreuzkümmel und dem Olivenöl mischen. Leicht schütteln, dann mit den Oliven garnieren.

3 Den Bratrost oder Grill vorheizen. Die Sardinen 3–4 Minuten auf jeder Seite braten und dabei mit der übrigen Marinade bestreichen. Mit dem frischen Koriander bestreuen und sofort servieren, mit Zitronenkeilen zum Ausdrücken und dem erfrischenden Grapefruit-Fenchel-Salat als Beilage.

Gegrillter Schwertfisch mit gerösteten Zimt-Tomaten

Die sonnengereiften Tomaten Marokkos sind auf natürliche Weise aromatisch und süß und wenn sie mit Zucker und Gewürzen geröstet werden, schmelzen sie förmlich im Mund. Als Beilage zu gegrilltem Fisch oder Geflügel sind sie sensationell. Diese köstlichen Tomaten können auch in einem gut verschlossenen Gefäß im Kühlschrank gelagert werden – ideal für ein spontanes Grillfest.

FÜR 4 PERSONEN

1 kg große Rispen- oder
   Eiertomaten, geschält,
   halbiert und entkernt
1–2 TL gemahlener Zimt
1 Prise Safranfäden
1 EL Orangenblütenwasser
4 EL Olivenöl
3–4 EL Zucker
4 x 225 g Schwertfischsteaks
Schale von ½ Salzzitrone, fein
   gehackt
1 kleines Bund frischer Koriander,
   fein gehackt
1 Handvoll blanchierte Mandeln
1 Klümpchen Butter
Salz
schwarzer Pfeffer, gemahlen

1 Den Backofen auf 110 °C vorheizen. Die Tomaten auf ein Backblech legen. Mit dem Zimt, dem Safran und dem Orangenblütenwasser besprenkeln. Die Hälfte des Öls darüber träufeln, sodass jede Tomatenhälfte befeuchtet ist, und mit Zucker bestreuen. Das Blech in den Ofen schieben und die Tomaten etwa 3 Stunden backen, dann den Ofen ausschalten und abkühlen lassen.

2 Die Schwertfischsteaks mit dem übrigen Olivenöl bestreichen sowie salzen und pfeffern. Eine vorgeheizte gusseiserne Grillpfanne leicht einölen und die Steaks 3–4 Minuten auf jeder Seite anbraten. Gegen Ende die gehackte Salzzitrone und den Koriander über die Steaks streuen.

3 In einer separaten Pfanne die Mandeln in der Butter anbraten, bis sie golden sind, und sie dann über die Tomaten streuen. Die Steaks mit den Tomaten sofort servieren.

Variationen
Wenn Sie keine Schwertfischsteaks bekommen, erzielen Sie auch mit Thunfisch- oder Haifischsteaks ein wunderbares Resultat. Wenn Sie Fleisch lieber mögen, probieren Sie das Rezept mit einem mageren Lendenstück oder einem dünn geschnittenen Filetsteak vom Rind. Die Gewürze verleihen dem Fleisch eine interessante Note.

Kurz gebratener Thunfisch mit Chili und Brunnenkresse-Salat

Diese Thunfischsteaks sind scharf angebraten und werden mit Salat serviert. Fügen Sie einen Klecks Harissa als Würze hinzu, dann werden Sie sich bei diesem Gericht im Handumdrehen an die warme Küste Nordafrikas versetzt fühlen. Wenn Sie keinen Thunfisch bekommen können, versuchen Sie es stattdessen mit Lachssteaks.

FÜR 4 PERSONEN

2 EL Olivenöl
1 TL Harissa
1 TL klarer Honig
4 x 200 g Thunfischsteaks
Salz
schwarzer Pfeffer, gemahlen
Zitronenspalten, zum Anrichten

Für den Salat

2 EL Olivenöl
ein wenig Butter
25 g frische Ingwerwurzel, geschält und in feine Scheiben geschnitten
2 Knoblauchzehen, in feine Scheiben geschnitten
2 grüne Chilis, entkernt und in feine Scheiben geschnitten
6 Frühlingszwiebeln, in mundgerechte Stücke geschnitten
2 große Handvoll Brunnenkresse
Saft von ½ Zitrone

1 Das Olivenöl, die Harissa, den Honig und das Salz mischen und die Thunfischsteaks damit einreiben. Eine Bratpfanne erhitzen, mit ein wenig Öl einfetten und die Thunfischsteaks etwa 2 Minuten auf jeder Seite scharf anbraten. Sie sollten innen noch rosafarben sein.

2 Den Thunfisch warmhalten und inzwischen den Salat zubereiten: In einer schweren Pfanne das Olivenöl und die Butter erhitzen. Den Ingwer, den Knoblauch, die Chilis und die Frühlingszwiebeln hinzufügen und anbraten, bis die Mixtur Farbe anzunehmen beginnt, dann die Brunnenkresse hinzufügen. Wenn die Brunnenkresse schlaff zu werden beginnt, den Zitronensaft eingießen und mit Salz und viel gemahlenem schwarzem Pfeffer abschmecken.

3 Den warmen Salat auf eine Servierplatte oder auf individuelle Teller geben. Die Thunfischsteaks in Scheiben schneiden und auf dem Salat anrichten. Sofort servieren, mit Zitronenspalten zum Beträufeln.

Kurz gegarte Schalentiere
Garnelen, Muscheln und andere Schalentiere können auf dieselbe Weise zubereitet werden. Schalentiere werden normalerweise nur kurz gegart, da sie sonst gummiartig werden.

Feurige Hähnchenflügel mit Blutorangen

Dies ist ein tolles Grillrezept – es ist schnell und einfach, und das Fleisch wird am besten mit den Fingern gegessen. Die saftigen Orangen kann man nach der Explosion von feurigen Gewürzen auf der Zunge einfach zur Erfrischung lutschen. Sie können separat gegart oder abwechselnd mit den Hähnchenflügeln auf Spieße aufgefädelt werden. Auch Kirschtomaten kann man verwenden, da auch sie mit ihrem fruchtigen Saft dieses Gericht zum Erlebnis machen.

FÜR 4 PERSONEN

4 EL feurige Harissa
2 EL Olivenöl
16–20 Hähnchenflügel
4 Blutorangen, geviertelt
Puderzucker
1 kleines Bund frischer Koriander,
  gehackt
Salz

1 Die Harissa mit dem Olivenöl in eine kleine Schüssel geben und zu einer Paste vermischen. Ein wenig Salz hinzufügen und gut umrühren. Die Mixtur auf die Hähnchenflügel streichen, sodass sie gut ummantelt sind. Die Flügel auf einem heißen Grill oder in einem heißen Bratrost garen, 5 Minuten auf jeder Seite.

2 Wenn die Flügel fast gar sind, die Orangenviertel leicht in Puderzucker dippen und ein paar Minuten grillen, bis sie leicht verbrannt, aber nicht schwarz oder verkohlt sind. Die Hähnchenflügel sofort mit den Orangen servieren und mit ein wenig gehacktem frischem Koriander bestreuen.

Gebratene Wachtel mit Weintrauben

Dies ist eine köstliche Methode, Wachtel zuzubereiten. Die süßen Weintrauben und die buttrige Soße sind besonders gut mit viel pikantem Ingwer. Dieses Gericht wartet mit einer gewissen Eleganz auf und ist oft auf den Speisekarten der teureren Restaurants in Fez und Casablanca zu finden. Ein marokkanischer Freund hatte es mit Taube für mich zubereitet und es war so köstlich, dass ich es zu Hause gleich mit Wachtel probierte.

FÜR 4 PERSONEN

2–3 EL Pflanzenöl

50 g Butter

8 Wachteln

25 g frische Ingwerwurzel, geschält und geraspelt

3 Knoblauchzehen, zerdrückt

450 g kernlose weiße Weintrauben

Salz

1 2 EL Öl und den Großteil der Butter in einer großen, schweren Bratpfanne erhitzen. Die Wachteln hinzufügen und 8 Minuten lang auf beiden Seiten bräunen. Den Ingwer und die Gewürze hinzufügen. Den Knoblauch einrühren und kurz anbraten.

2 In einem separaten Topf in dem verbleibenden Öl und Butter bei geschlossenem Deckel die Weintrauben ein paar Minuten köcheln. Salzen und noch 20 Minuten kochen, bis sie weich sind. Die Weintrauben dann zu den Wachteln geben. 10–15 Minuten köcheln. Direkt aus der Pfanne servieren und mit ein wenig fein gehackter Minze und Koriander bestreuen. Dazu Brot zum Aufstippen der Soße reichen.

Tipp
Dieses Gericht kann auch mit Ringeltaube, Moorhuhn, Rebhuhn oder Fasan zubereitet werden. Größeres Geflügel einfach länger garen und mehr Ingwer nehmen.

Gebratene Entenschenkel mit Quitte, Ingwer, Honig und Zimt

Die Quitte ist eine Frucht aus der alten Welt, in Rezepten von Römern und Arabern überliefert, welche bei ihren Eroberungsfeldzügen weite Teile des Mittleren Ostens und Nordafrikas unter ihre Herrschaft brachten. Die aromatischen Früchte, die aussehen wie große, harte Birnen, werden oft mit Lamm oder Geflügel kombiniert, wie auch in diesem typisch marokkanischen Rezept. Beim Kochen erfüllen Quitten die Luft mit ihrem betörenden Duft und verleihen dem Gericht ein fruchtig-honigsüßes Aroma.

FÜR 4 PERSONEN

4 Entenschenkel
2 EL Olivenöl
2 Zitronen
600 ml Wasser
2 Quitten, geviertelt, entkernt
    und geschält
ein wenig Butter
25 g frische Ingwerwurzel, geschält
    und geraspelt
1 TL gemahlener Zimt
2 EL klarer Honig
Salz
schwarzer Pfeffer, gemahlen
1 kleines Bund frischer Koriander,
    gehackt, zum Anrichten

1 Den Backofen auf 230 °C vorheizen. Die Entenkeulen mit der Hälfte des Olivenöls einreiben, salzen und pfeffern, und auf den Gittereinsatz eines Bräters legen. Im Ofen etwa 30 Minuten braten, bis die Haut knusprig und golden ist.

2 Inzwischen den Saft von ½ Zitrone ausdrücken und in einen Topf geben.

Das Wasser hinzufügen und zum Kochen bringen. Die Quittenviertel hinzugeben und etwa 15 Minuten garen, bis sie weich sind. Abgießen und abkühlen lassen, dann jedes Quittenviertel in Scheiben schneiden. Das verbleibende Olivenöl und die Butter in einer Bratpfanne erhitzen und die Quittenscheiben braten, bis sie braun sind. Aus der Pfanne nehmen, auf einen Teller geben und warm halten.

3 Die Ente aus dem Ofen nehmen und 2 EL des Entenfetts in die

Pfanne geben, in der die Frucht gebraten wurde. Den Ingwer einrühren und eine Minute garen, dann den Zimt, den Honig und den verbleibenden Zitronensaft hinzufügen. 2–3 EL Wasser eingießen, rühren, bis es Blasen wirft, und dann vom Herd nehmen.

4 Die Entenschenkel und die Quittenscheiben auf einem Teller arrangieren und die Soße darüberträufeln. Mit Koriander bestreuen und sofort servieren.

Gebratene Lammhaxe mit Datteln und Mandeln

Ein traditionelles Festgericht in Marokko ist zum Beispiel ein ganzes gebratenes Lamm, das in einer speziell dafür ausgehobenen Grube über einem Holzkohlenfeuer gegart wird. Das Lamm wird immer wieder gedreht und mit Butter und Gewürzen bestrichen, bis es einen erstaunlich köstlichen Geschmack entwickelt. Zu Hause lässt sich ein ähnliches Gericht, wenn auch in bescheidener Version, mit einer gut marinierten Lammhaxe zubereiten. Sie servieren sie am besten mit Couscous und einer aromatisierten Gemüse-Tajine.

FÜR 6–8 PERSONEN

2,25 kg Lammhaxe
4 Knoblauchzehen
1 TL grobes Salz
2 TL gemahlener Koriander
2 TL gemahlener Kreuzkümmel
2 TL Paprikapulver
1 TL gemahlener schwarzer Pfeffer
½ TL Cayennepfeffer
175 g Butter
115 g feuchte, entkernte
   Trockendatteln
2 EL blanchierte Mandeln
4 Zitronen, geviertelt

Eine Dattel-Mandel-Paste herstellen
Alternativ könnten Sie die Datteln und Mandeln zu einer groben Paste mahlen und die Mixtur über das Lamm reiben, um es damit zu ummanteln.

1 Mit einem kleinen, scharfen Messer die Lammhaxe an mehreren Stellen tief einschneiden. In einem Mörser mit einem Stößel den Knoblauch mit dem Salz zu einer Paste zerdrücken, dann den gemahlenen Koriander, den Kreuzkümmel, den Paprika, den schwarzen Pfeffer und den Cayennepfeffer hinzufügen. Die Butter in einer Schüssel zerstampfen und die Knoblauch-Würzpaste einrühren. Die Lammhaxe komplett mit der Würzbutter einreiben, auch die Einschnitte, und 3–4 Stunden marinieren.

2 Den Backofen auf 220°C vorheizen. Das Lamm in einen Bräter geben und etwa 20 Minuten braten. Das Lamm wenden, mit dem würzigen Fleischsaft beträufeln und 15 Minuten weiterbraten. Wieder wenden und beträufeln, die Hitze auf 180°C reduzieren und weitere 2 Stunden unter gelegentlichem Beträufeln braten.

3 Die Datteln und die Mandeln über und um das Lamm herum streuen und nochmal 30 Minuten garen, bis das Fleisch sehr zart ist. Mit Zitronenvierteln heiß servieren.

Scharfe Rinderhack-Kebabs mit Kichererbsen-Püree

Sie können dieses Gericht im Sommer auf dem Grill zubereiten. Fügen Sie mehr Cayennepfeffer hinzu, um dem Kebab die richtige Schärfe zu verleihen. Das weiche, milde Kichererbsen-Püree gibt dem Ganzen einen opulenten Touch. Für die Kebabs brauchen Sie Metallspieße mit breiten Klingen, damit das flach gedrückte Fleisch nicht verrutscht. Beim Servieren sieht es aus wie eine Schwertscheide, die dann als Ganzes vom Spieß geschoben werden kann.

FÜR 6 PERSONEN

500 g fein gehacktes Rindfleisch
1 Zwiebel, gerieben
2 TL gemahlener Kreuzkümmel
2 TL gemahlener Koriander
2 TL Paprikapulver
¾ TL Cayennepfeffer
1 TL Salz
1 kleines Bund glatte Petersilie, fein gehackt
1 kleines Bund frischer Koriander, fein gehackt

Für das Kichererbsen-Püree

225 g getrocknete Kichererbsen, über Nacht eingeweicht, abgegossen und gekocht
50 ml Olivenöl
Saft von 1 Zitrone
2 Knoblauchzehen, zerdrückt
1 TL Kreuzkümmelsamen
2 EL helle Tahini
4 EL dickes griechisches Joghurt
3 EL Butter, geschmolzen
Salz
schwarzer Pfeffer, gemahlen
Salat und Brot zum Servieren

1 Das Rinderhack mit der Zwiebel, dem Kreuzkümmel, dem gemahlenen Koriander, dem Paprikapulver, dem Cayennepfeffer, dem Salz, der Petersilie und dem gehackten frischen Koriander mischen. Die Mixtur gut verkneten, dann in einem Mörser mit einem Stößel oder in einem Mixer zermahlen, bis sie weich ist. In eine Schüssel geben, zudecken und 1 Stunde stehen lassen.

2 Inzwischen das Kichererbsen-Püree zubereiten. Den Backofen auf 200 °C vorheizen. In einem Mixer die Kichererbsen mit dem Olivenöl, dem Zitronensaft, dem Knoblauch, den Kreuzkümmelsamen, der Tahini und dem Joghurt pürieren. Abschmecken, in ein ofenfestes Gefäß geben, mit Folie bedecken und im Backofen 20 Minuten erhitzen.

3 Die Fleischmischung in sechs Portionen teilen und jede um einen Metallspieß andrücken, sodass das Fleisch aussieht wie eine flache Wurst. Den Grill auf die heißeste Stufe erhitzen und die Kebabs auf jeder Seite 4–5 Minuten garen.

4 Die Butter schmelzen und über das heiße Kichererbsen-Püree gießen. Die Kebabs mit dem heißen Püree servieren, dazu Salat und Brot reichen.

Sommerliche Gemüse-Kebabs mit Harissa-Joghurt-Dip

Dieses einfache und geschmackvolle vegetarische Gericht ist köstlich, wenn es mit Couscous und einem frischen, knackigen grünen Salat serviert wird. Auch ist es eine exzellente Beilage zu fleischbasierten Hauptgerichten. Im heutigen Marokko erfreuen sich Gemüse- und Fischkebabs zunehmender Beliebtheit, nicht nur in hippen Restaurants, sondern auch in Privathaushalten, wo es eine Tendenz zur Abkehr von den meist sehr fleischlastigen traditionellen Mahlzeiten gibt.

FÜR 4 PERSONEN

2 Auberginen, in Stücke geschnitten
2 Zucchini, in Stücke geschnitten
2–3 rote oder grüne Paprikaschoten, entkernt und in Stücke geschnitten
12–16 Kirschtomaten
4 kleine rote Zwiebeln, geviertelt
4 EL Olivenöl
Saft von ½ Zitrone
1 Knoblauchzehe, zerdrückt
1 TL gemahlener Koriander
1 TL gemahlener Zimt
2 TL klarer Honig
1 TL Salz

Für den Harissa-Joghurt-Dip

450 g griechisches Joghurt
2–4 EL Harissa
1 kleines Bund frischer Koriander, fein gehackt
1 kleines Bund Minze, fein gehackt
Salz
schwarzer Pfeffer, gemahlen

1 Den Grill auf der höchsten Stufe vorheizen. Alles Gemüse in eine Schüssel geben. Das Olivenöl, den Zitronensaft, den Knoblauch, den gemahlenen Koriander, den Zimt, den Honig und das Salz mischen. Die Gemüsestücke mit den Händen in der Marinade wenden und sie dann auf die Metallspieße fädeln. Die Kebabs im Grill garen, sie gelegentlich wendend, bis die Gemüse überall schön braun sind.

2 Für den Dip das Joghurt in eine Schüssel geben und die Harissa einschlagen. Mehr Harissa zugeben, wenn die Soße feuriger werden soll. Den Großteil des Korianders und der Minze beifügen, ein wenig davon zum Garnieren übriglassen. Gut mit Salz und Pfeffer abschmecken. Die noch heißen Gemüsestücke von den Spießen schieben und vor dem Verzehr in den Joghurtdip stippen. Mit den verbliebenen Kräutern garnieren.

Gemüse vorbereiten
Achten Sie darauf, die Auberginen, die Zucchini und die Paprikaschoten in gleich große Stücke zu schneiden, damit sie alle gleich schnell gar werden.

Salate und Beilagen

Überall auf den Märkten und in den Souks Marokkos findet man Obst und Gemüse der Saison in allen Farben und Formen zu hohen Stapeln aufgetürmt. Reifes Obst wird meist frisch gegessen, oft als Dessert, oder auch gekocht in einer Tajine, und Gemüse und Kräuter finden sich in einer bunten Vielfalt von köstlichen Vorspeisen, Beilagen oder frischen, knackigen Salaten.

In Marokko werden Salate nie als eigenständige Mahlzeit serviert. Vielmehr können sie Teil eines Vorspeisentellers sein oder sie werden als Beilage zu Tajines gereicht, um deren Aromen und Textur auszugleichen. Gemüse, Kräuter und Aromen sind in der marokkanischen Küche so abwechslungsreich, dass Sie mit zahllosen Variationsmöglichkeiten und köstlichen Kombinationen nach Belieben experimentieren können.

Beilagen zu reichen ist in der traditionellen Küche eher unüblich und Rezepte wie Couscous mit getrockneten Früchten und Nüssen werden üblicherweise als eigener Gang präsentiert. Da dieses Buch jedoch vor allem die moderne Küche präsentieren möchte, sind hier auch viele Gerichte aufgeführt, die gut als Beilagen zu Gebratenem und Gegrilltem gereicht werden können. Wie die Salate so lassen sich auch die Beilagen als eigenständige Mahlzeiten reichen, meist mit viel knusprigem, frischem Brot, um die deliziösen Soßen mit Öl, Knoblauch und Gewürzen aufzusaugen.

Andere Gemüsearten, die besonders gut mit der marokkanischen Küche harmonieren, sind etwa Lauch, Blumenkohl, Borlottibohnen, Zucchini und Kürbis. Kombinieren Sie sie gerne mit Obst, wie etwa Äpfeln oder Birnen, oder auch mit Nüssen und Oliven, einer Prise würzig-aromatischem Ras el Hanout oder Zimt und, natürlich immer dabei, einer gehackten Salzzitrone.

Rote-Bete-Salat mit Orangen

Dieser Salat kann mit fertig gekaufter, bereits gekochter und vakuumverpackter Rote Bete gemacht werden, oder auch mit frischer, die zu Hause gedünstet oder gekocht wird. Die Kombination aus der süßen Roten Bete, der säuerlichen Orange und dem warmen Zimt ist so ungewöhnlich wie köstlich, und das Gericht bietet auf einem sommerlichen Teller eine prächtiges Farbenspiel.

FÜR 4–6 PERSONEN

675 g Rote Bete, gedünstet oder
  gekocht, dann geschält
1 Orange, geschält und geschnitten
2 EL Orangenblütenwasser
1 EL Zucker
1 TL gemahlener Zimt
Salz
schwarzer Pfeffer, gemahlen

Rote Bete kochen
Um rohe Rote Bete zu kochen, lassen Sie immer die Haut dran und schneiden Sie nur die Spitzen der Blattstengel ab. Dann in sprudelndem Wasser kochen oder über kochendem Wasser dämpfen, je nach Größe 1–2 Stunden. Kleine Rote Bete sind in etwa 1 Stunde weich, mittelgroße Wurzeln brauchen 1–1 ½ Stunden und größere können bis zu 2 Stunden benötigen.

1 Die gekochte Rote Bete vierteln, dann die Viertel in Scheiben schneiden. Die Rote Bete auf einem Teller mit den Orangenscheiben anrichten oder sie zusammen in eine Schüssel geben. Das Orangenblütenwasser mit dem Zucker sanft erhitzen, den Zimt einrühren und nach Geschmack abschmecken.

2 Die süße Mixtur über den Rote-Bete-Orangen-Salat gießen und vor dem Servieren mindestens 1 Stunde kalt stellen.

Linsensalat mit roten Zwiebeln

Dieser köstliche, knoblauchreiche Linsensalat wird in Straßencafés und Restaurants oft als Beilage zu Kebabs oder auch zu Hause als Appetizer gereicht. Er kann warm oder kalt serviert werden. Wenn Sie Lust haben, das Gericht als eigenständige Mahlzeit zu verzehren, geben Sie einen Löffel einfaches Joghurt dazu.

FÜR 4 PERSONEN

3 EL Olivenöl
2 rote Zwiebeln, gehackt
2 Tomaten, geschält und entkernt
2 TL gemahlene Kurkuma
2 TL gemahlener Kreuzkümmel
175 g braune Linsen
900 ml Gemüsebrühe oder Wasser
4 Knoblauchzehen, zerdrückt
1 kleines Bund frischer Koriander, fein gehackt
Salz
schwarzer Pfeffer, gemahlen
Zitronenspalten, zum Anrichten

1 Die Linsen gut abspülen und abtropfen lassen. Die geschälten und entkernten Tomaten hacken. 2 EL des Öls in einer großen Pfanne erhitzen und die Zwiebeln anbraten, bis sie weich sind. Die Tomaten, die Kurkuma und den Kreuzkümmel hinzufügen, dann die Linsen einrühren. Die Gemüsebrühe oder das Wasser eingießen und zum Kochen bringen, dann die Hitze reduzieren und köcheln, bis die Linsen weich sind und fast die ganze Flüssigkeit absorbiert wurde.

2 In einer separaten Pfanne in dem verbleibenden Öl den Knoblauch anbraten, bis er gebräunt ist. Den Knoblauch mit dem frischem Koriander in die Linsen geben und nach Geschmack würzen. Warm oder bei Zimmertemperatur servieren, mit Zitronenspalten zum Ausdrücken.

Aromen mischen
Wenn Sie möchten, können Sie die Linsen auch durch Mungobohnen ersetzen – es funktioniert mit ihnen genauso. Wenn das Gericht für eine Mezzeplatte bestimmt ist, dann sollte es mit einem Dip wie etwa Zahdouk und einem fruchtigen Salat ausbalanciert werden, um Aromen zu mischen.

Salat aus sautierten Kräutern mit Chili und Salzzitrone

Festblättrige frische Kräuter wie glatte Petersilie und Minze ergeben, mit Salz und ein wenig Olivenöl angemacht, einen wundervollen Salat auf einer Mezzeplatte oder als Beilage zu scharfen Kebabs oder Tajines. Nur leicht in Knoblauchöl sautiert und dann noch warm mit Joghurt serviert, kann man sie sogar als eigenständiges Gericht reichen.

FÜR 4 PERSONEN

1 großes Bund glatte Petersilie
1 großes Bund Minze
1 großes Bund frischer Koriander
1 Bund Rucola
1 großes Bund Spinatblätter
  (etwa 115 g)
4–5 EL Olivenöl
2 Knoblauchzehen, fein gehackt
1 grüne oder rote Chili, entkernt
  und fein gehackt
½ Salzzitrone, fein gehackt
Salz
schwarzer Pfeffer, gemahlen
3–4 EL griechisches Joghurt,
  zum Servieren

Mit Knoblauch aromatisiertes Joghurt herstellen
Eine Knoblauchzehe zerdrücken und in den Joghurt rühren, mit Salz und gemahlenem Pfeffer nach Belieben würzen.

1 Die Kräuter, den Rucola und den Spinat grob hacken. Das Olivenöl in einer weiten, schweren Pfanne erhitzen. Den Knoblauch und den Chili einrühren und braten, bis sie Farbe annehmen.

2 Die Kräuter, den Rucola und den Spinat hineingeben und sanft köcheln, bis sie weich und schlaff werden. Die Salzzitrone hinzufügen und abschmecken. Den Salat warm mit einem Klecks Joghurt servieren.

Couscous mit getrockneten Früchten und Nüssen

Dieses Gericht aus gedämpftem Couscous mit getrockneten Früchten und Nüssen, bestreut mit Zucker und Zimt, kommt in Marokko bei besonderen Festlichkeiten auf den Tisch. Oft wird es dann als eigener Gang präsentiert, kurz vor dem Dessert. Zu Hause jedoch kann es auch wunderbar zu würzigen Tajines oder gegrilltem oder gebratenem Fleisch und Geflügel gereicht werden.

FÜR 6 PERSONEN

500 g Couscous Medium
1 Prise Safranfäden
3 EL Sonnenblumenöl
2 EL Olivenöl
ein wenig Butter oder Smen
115 g getrocknete Aprikosen,
 in Stifte geschnitten
75 g Datteln, gehackt
75 g Rosinen
115 g blanchierte Mandeln,
 in Stifte geschnitten
75 g Pistazien
2 TL gemahlener Zimt
3 EL Zucker
Salz

1 Den Backofen auf 180 °C vorheizen. Den Couscous in eine Schüssel geben. 600 ml warmes Wasser mit 1 TL Salz und dem Safran mischen, dann über den Couscous gießen. 10 Minuten stehen lassen, bis die Körner weich sind. Das Öl hinzufügen und mit den Fingern unter die Körner reiben.

2 In einer schweren Pfanne das Olivenöl und die Butter oder das Smen erhitzen und die Aprikosen, die Datteln, die Rosinen, den Großteil der Mandeln (einige zum Garnieren übrig lassen) und die Pistazien einrühren.

3 Anbraten, bis die Rosinen aufgehen, alles in den Couscous geben und gut durchmischen. Den Couscous in eine ofenfeste Form füllen und mit Folie bedecken. Etwa

20 Minuten in den Ofen stellen, bis alles durchhitzt ist.

4 Die übrigen Mandelstifte anrösten. Den heißen Couscous in einem Haufen auf einem großen Servierteller anrichten und mit dem Zimt und dem Zucker in kreisförmig nach unten verlaufenden Streifen bestäuben. Die gerösteten Mandeln auf die Spitze streuen und heiß servieren.

Gebratene Karotten mit Mango und Ingwer

Die reife, süße Mangofrucht schmeckt in diesem würzigen Gemüsegericht göttlich in Kombination mit Karotten und Ingwer. Die Karotten sind auch gut als Beilage zu gegrilltem Fleisch oder Couscous geeignet, aber ich serviere sie oft auch nur mit Joghurt und Salat. Die Mango muss reif sind, sonst werden Sie ein wenig Honig brauchen, um die Aromen auszubalancieren.

FÜR 4–6 PERSONEN

1–2 EL Smen oder Olivenöl

1 Zwiebel, gehackt

25 g frische Ingwerwurzel, geschält und gehackt

2–3 Knoblauchzehen, gehackt

5–6 Karotten, in Scheiben geschnitten

2–3 EL geschälte Pistazien, geröstet

1 TL gemahlener Zimt

1–2 TL Ras el Hanout

1 kleine feste, reife Mango, geschält und grob in Würfel geschnitten

1 kleines Bund frischer Koriander, fein gehackt

Saft von ½ Zitrone

Salz

1 Das Smen oder das Olivenöl in einer schweren Bratpfanne oder einem Wok erhitzen. Die Zwiebel, den Ingwer und den Knoblauch einrühren und 1 Minute anbraten. Die Karotten hinzufügen, in der Pfanne schwenken, damit sie sich gut mit den Gewürzen mischen, und braten, bis sie zu bräunen beginnen.

2 Die Pistazien, den Zimt und das Ras el Hanout zufügen, dann sanft die Mango untermischen. Mit dem Koriander bestreuen, salzen und den Zitronensaft darübergießen. Sofort servieren.

Artischockenherzen-Orangen-Salat

Dieser farbenfrohe Obstsalat schmeichelt dem Auge und erfrischt den Gaumen nach einem scharfem Essen. Sie können süße Orangen oder auch Bitterorangen benutzen und wenn frische Artischocken nicht erhältlich sind, können Sie auch Artischockenherzen aus dem Tiefkühlfach nehmen. Zur Vorbereitung entfernen Sie zunächst die äußeren Blätter, schneiden dann die Stängel ab und nehmen mit einem Löffel das Heu heraus. Legen Sie dann die Frucht in Wasser, das mit einem Spritzer Zitronensaft angereichert wurde.

FÜR 4 PERSONEN

1 Zitrone, halbiert
4 Artischockenherzen
4 Sevilla-Orangen oder andere
6 Radieschen, in feine Scheiben
   geschnitten
12 Kalamata-Oliven
2–3 EL Olivenöl
Salz
½ TL Paprikapulver, zum Bestreuen

1 Den Saft von ½ Zitrone ausdrücken und in einen Topf gießen. Die Artischockenherzen und viel Wasser zum Bedecken hinzufügen. Zum Kochen bringen, dann die Hitze reduzieren und etwa 15 Minuten sanft köcheln, bis sie gerade weich sind.

2 Abgießen und die Herzen unter kaltem Wasser abspülen, dann wieder abgießen. Die Artischockenherzen in dicke Scheiben schneiden und in eine Schüssel legen.

3 Die Orangen filetieren und die Filets zu den Artischockenherzen geben. Die Radieschen und die Oliven hinzufügen, mit dem Olivenöl und dem verbleibenden Zitronensaft beträufeln, dann den Salat sorgfältig mischen. Salzen und vor dem Servieren mit ein wenig Paprikapulver bestreuen.

Salate aus Dicken Bohnen und Karotten

Im ganzen Mittleren Osten sowie in Nordafrika und der Mittelmeerregion sind Dicke Bohnen eine beliebte Zugabe zu Salaten und Reisgerichten, aber durch die Zugabe von Salzzitronen erhält dieser Salat einen eigenständigen und besonders reizvollen Geschmack. Der erfrischende Karottensalat wird oft als Appetizer serviert, aber wenn Sie möchten, können Sie ihn auch mit einem mit Knoblauch gewürzten Joghurt warm zum Abendessen reichen.

FÜR 4 PERSONEN

Für den Bohnensalat

2 kg Dicke Bohnen (Favabohnen) in der Hülse
4–5 EL Olivenöl
Saft von ½ Zitrone
2 Knoblauchzehen, gehackt
1 TL gemahlener Kreuzkümmel
2 TL Paprikapulver
1 kleines Bund frischer Koriander, fein gehackt
1 Salzzitrone, gehackt
1 Handvoll schwarze Oliven, zum Garnieren
Salz
schwarzer Pfeffer, gemahlen

Für den Karottensalat

450 g Karotten, in Stifte geschnitten
2–3 El Olivenöl
Saft von 1 Zitrone
2–3 Knoblauchzehen, zerdrückt
2 TL Zucker
1–2 TL Kreuzkümmelsamen, geröstet
1 TL gemahlener Zimt
1 TL Paprikapulver
1 kleines Bund frischer Koriander, fein gehackt
1 kleines Bund Minze, fein gehackt
Salz
schwarzer Pfeffer, gemahlen

Kreuzkümmelsamen rösten

Die Kreuzkümmelsamen in eine Pfanne geben und bei schwacher Hitze rühren, bis sie leicht die Farbe verändern und ein warmes, nussiges Aroma verströmen. Sie dürfen nicht verbrennen!

1 Für den Bohnensalat einen großen Topf mit Salzwasser zum Kochen bringen. Inzwischen die Bohnen enthülsen. Die Bohnen in den Topf geben und etwa 2 Minuten kochen, dann abgießen und unter kaltem fließendem Wasser abschrecken. Die dicke, äußere Haut abschälen und wegwerfen, um die glatten, hellgrünen Bohnen darunter zu enthüllen.

2 Die Bohnen in eine schwere Pfanne geben und das Olivenöl, den Zitronensaft, den Knoblauch, den Kreuzkümmel und den Paprika hinzufügen. Die Bohnen auf niedriger Hitze etwa 10 Minuten sanft köcheln, dann mit Salz und Pfeffer abschmecken und in der Pfanne abkühlen lassen.

3 Die Bohnen in eine Servierschüssel geben, zusammen mit dem Sud aus der Pfanne. Den frischen Koriander und die Salzzitrone dazugeben und mit den schwarzen Oliven garnieren.

4 Für den Karottensalat die Karotten etwa 15 Minuten über kochendem Wasser dämpfen, bis sie weich sind. Die Karotten noch warm in eine Servierschüssel geben, zusammen mit dem Olivenöl, dem Zitronensaft, dem Knoblauch und dem Zucker. Abschmecken, dann die Kreuzkümmelsamen, den Zimt und den Paprika hinzufügen. Schließlich den frischen Koriander und die Minze darüberstreuen und warm oder bei Zimmertemperatur servieren.

Gewürzte Kürbisspalten mit Spinat

Warme Gewürze passen gut zu zart geröstetem Kürbis. Servieren Sie diese bunten „Mondsicheln" mit jeder Art von gegrilltem, geröstetem oder gebratenem Fleisch- oder Geflügelgericht. Auch das üppig-sahnige Spinatgericht mit dem Feuer der Chilis und der Wärme der gebratenen Zwiebeln passt ausnehmend gut zu Gegrilltem und Gebratenem. Das Gericht kann aber auch einfach eigenständig mit Brot gereicht werden.

FÜR 4–6 PERSONEN
Für die Kürbisspalten
2 TL Koriandersamen
1 TL Kreuzkümmelsamen
1 TL Fenchelsamen
1–2 TL Zimt
2 getrocknete rote Chilis, gehackt
grobes Salz
2 Knoblauchzehen
2 EL Olivenöl
1 Kürbis, längs halbiert, entkernt,
   und in 6–8 Spalten geschnitten

Für den Spinat
2–3 EL Pinienkerne
2–3 EL Olivenöl
1 rote Zwiebel, halbiert und
   in Scheiben geschnitten
1–2 getrocknete rote Chilis,
   fein geschnitten
1 Apfel, geschält, geviertelt, entkernt
   und in Scheiben geschnitten
2 Knoblauchzehen, zerdrückt
1–2 TL gemahlener gerösteter
   Kreuzkümmel
2 TL klarer Honig
450 g Spinat, gedämpft und
   grob gehackt
4–5 EL süße Sahne
ein wenig frischer Koriander,
   grob gehackt
Salz
schwarzer Pfeffer, gemahlen

1 Für die gewürzten Kürbisspalten den Backofen auf 200 °C vorheizen. Mit einem Stößel in einem Mörser den Koriander, den Kreuzkümmel und die Fenchelsamen, den Zimt und die Chilis mit ein wenig grobem Salz zermahlen. Den Knoblauch und ein wenig von dem Olivenöl hinzufügen und zermahlen, bis eine Paste entsteht.

2 Die Gewürzmischung über die Kürbisspalten reiben und diese mit der Schalenseite nach unten in eine Auflaufform oder eine Bratpfanne geben. Den gewürzten Kürbis 35–40 Minuten backen, bis er weich ist. Heiß servieren.

3 Für den Spinat die Pinienkerne in einer Bratpfanne rösten, bis sie goldbraun sind, dann auf einen Teller schieben. Das Olivenöl in die Pfanne gießen.

4 Die Zwiebel mit den Chilis sautieren, bis sie weich sind, dann den Apfel und den Knoblauch einrühren. Wenn der Apfel Farbe anzunehmen beginnt, den Großteil der Pinienkerne, des gerösteten Kreuzkümmels und des Honigs einrühren.

5 Den Spinat zugeben und, sobald er erhitzt ist, den Großteil der Sahne einrühren. Abschmecken und vom Feuer nehmen. Den Rest der Sahne darübergießen, mit den zurückgehaltenen Pinienkernen, dem gerösteten Kreuzkümmel und ein wenig Koriander besprenkeln. Sofort servieren, direkt aus der Pfanne.

Süßigkeiten, Gebäck und Getränke

 Üblicherweise wird in Marokko eine Mahlzeit zu Hause mit einem einfachen Teller frischen Obstes abgeschlossen. Es gibt aber auch eine ganze Reihe von wundervollen und doch einfachen Desserts, die oft auf Früchten oder Milch basieren, und vor allem auch köstliches Süßgebäck und Kuchen, die zu allen Tageszeiten genossen werden.

Die Bandbreite an frischem Obst ist enorm und rangiert von Datteln, Weintrauben und süßen Melonen über Erdbeeren, Ananas und Mangos bis hin zu Kaktusfeigen und anderen Kaktusfrüchten. Manche Früchte, wie Quitten und Pflaumen, sind zum Dünsten in gewürztem Sirup geeignet und entwickeln so ihre köstlichen Aromen.

Schlichtere Desserts und süße Snacks haben oft cremigen Joghurt oder Milch als Basis. Joghurt wird mit Zucker oder Honig gesüßt und in moderneren Haushalten gern mit Obst serviert. Milchpuddings werden oft ziemlich naturbelassen gereicht, manchmal aber auch mit einem Hauch Safran oder Blütenwasser aromatisiert.

Süßes Gebäck und Kuchen werden gern an einem Straßenstand oder in der Bäckerei gekauft. Manche sind kompliziert und zeitintensiv in der Herstellung, und sie erfordern eine spezielle Knettechnik und andere Fertigkeiten, für die man jahrelange Praxis benötigt. Gestresste Städter kaufen heute fertig zubereitete Ouarka, den hauchdünnen Teig, der für viele der süßen Backwaren benutzt wird. Wenn Sie eine gute Bäckerei in der Nachbarschaft haben, ist es sicher noch einfacher, schnell vor die Tür zu gehen und einen fertigen Kuchen oder ein süßes Backwerk zu kaufen.

Wassermelonen- und Orangen-Granitas

Diese erfrischenden Granitas sind im Sommer eine Wucht und vor allem auch als Dessert nach einem würzigen Essen willkommen. Früchte wie Ananas, Mango und Banane, die hier gerne verwendet werden, können im Backofen oder in einer Grillpfanne gegrillt werden. Bereiten Sie die Granitas einen Tag vor dem Verzehr zu. Wenn Sie beim Granitagenuss die Augen schließen und sich ganz den Aromen in Ihrer Nase hingeben, werden Sie im Handumdrehen an einen Strand unter der heißen marokkanischen Sonne versetzt.

FÜR 6–8 PERSONEN

1 Ananas
1 Mango
2 Bananen
3–4 EL Puderzucker

Für die Wassermelonen-Granita

1 kg Wassermelone, ohne Kerne
250 g feiner Zucker
150 ml Wasser
Saft von ½ Zitrone
1 EL Orangenblütenwasser
½ TL gemahlener Zimt

**Für die gewürzte
Orangen-Granita**

900 ml Wasser
350 g Zucker
5–6 Nelken
1 TL gemahlener Ingwer
½ TL gemahlener Zimt
600 ml frischer Orangensaft
1 EL Orangenblütenwasser

1 Für die Wassermelonen-Granita das Melonenfleisch in einem Mixer pürieren. Den Zucker und das Wasser in einen Topf geben und rühren, bis er sich aufgelöst hat. Zum Kochen bringen, 5 Minuten köcheln, dann abkühlen lassen.

2 Den Zitronensaft, das Orangenblütenwasser und den Zimt einrühren, dann das Wassermelonen-Püree einrühren. Die Mixtur in eine Schüssel gießen; ins Kühlfach stellen. 2 Stunden lang alle 15 Minuten umrühren und dann

nur noch jede Stunde, sodass die Mixtur zwar gefriert, aber geschmeidig bleibt.

3 Für die gewürzte Orangen-Granita das Wasser und den Zucker zusammen mit den Nelken in einem Topf erhitzen und umrühren, bis der Zucker sich aufgelöst hat, dann zum Kochen bringen und etwa 5 Minuten kochen.

4 Abkühlen lassen und den Ingwer, den Zimt, den Orangensaft und das Orangenblütenwasser einrühren.

5 Die Nelken entfernen, dann die Mixtur in eine Schüssel gießen,

zudecken und ins Kühlfach stellen. Kühlen wie die Wassermelonen-Granita.

6 Zum Anrichten die Ananas schälen, entkernen und in Scheiben schneiden. Die Mango schälen, das Fleisch in dicken Scheiben vom Kern abschneiden. Die Bananen schälen und halbieren. Den Grill auf der höchsten Stufe vorheizen. Die Früchte auf einem Backblech arrangieren. Mit Puderzucker bestreuen und 3–4 Minuten backen, bis sie leicht weich und braun sind. Die Früchte auf einer Servierplatte arrangieren und die Granitas in Schälchen füllen. Sofort servieren.

Mandel- und Pistazien-Eiscreme

Cremig-grünes Pistazieneis und schneeiges Mandeleis sind legendäre Gaumenfreuden aus dem arabischen Reich, die später von den Persern übernommen wurden. Diese erfrischende moderne Version bietet Kühlung in der Hitze des Tages, ist aber auch ein unvergessliches Finale nach einer opulenten marokkanischen Mahlzeit. Die Eiscremes können beide auch per Hand hergestellt werden, aber wenn man eine ganz glatte Textur haben will, muss man sich doch auf die moderne Eismaschine verlassen.

FÜR 6–8 PERSONEN

Für die Mandel-Eiscreme

150 g blanchierte Mandeln,
  fein gemahlen
300 ml Milch
300 ml süße Sahne
4 Eigelbe
175 g Feinzucker
2–3 EL Orangenblütenwasser
2–3 Tropfen Mandelessenz

Für die Pistazien-Eiscreme

150 g Pistazien, blanchiert und
  fein gemahlen
300 ml Milch
300 ml süße Sahne
4 Eigelbe
175 g Zucker
2–3 EL Rosenwasser
Grüne Lebensmittelfarbe (optional)

1 Für das Mandeleis die Mandeln mit der Milch und der Sahne in einen Topf geben und zum Kochen bringen. In einer großen Schüssel die Eigelbe mit dem Zucker verquirlen, dann heiße Milch und Sahne eingießen und dabei die ganze Zeit weiterschlagen. Die Mixtur dann in den Topf zurückgießen und auf niedriger Hitze rühren, bis sie leicht eindickt. Vorsicht, dass die Eiercreme nicht zu heiß wird, da sie zu gerinnen droht, wenn sie den Siedepunkt erreicht.

2 Das Orangenblütenwasser und die Mandelessenz einrühren und die Mixtur dann abkühlen lassen. Die abgekühlte Creme in eine Schüssel oder eine Kühldose geben und ins Eisfach stellen. Nach etwa 1 Stunde umrühren, wenn sie an den Rändern vereist sein sollte.

3 Die Eiscreme dann wieder einfrieren und noch zwei- oder dreimal umrühren, bis sie glatt und sehr dick ist. Dann wieder ins Kühlfach stellen und einige Stunden oder über Nacht stehen lassen. Alternativ eine Eismaschine verwenden.

4 Die Pistazien-Eiscreme auf dieselbe Art und Weise herstellen wie das Mandeleis, nur Pistazien statt Mandeln und Rosenwasser statt Orangenblütenwasser und Mandelessenz benutzen. Nach Belieben ein wenig grüne Lebensmittelfarbe zum Pistazieneis hinzufügen.

5 Beide Eiscremes 10–15 Minuten vor dem Servieren aus dem Kühlfach nehmen und ein wenig weich werden lassen.

Granatapfeljoghurt mit Minze und Grapefruitsalat

Die saftigen, rubinroten Samen von reifen Granatäpfeln werden in Nordafrika oft mit trockenem, dampfendem Couscous vermischt, um ein köstlich-leichtes Dessert zu kreieren. Auch in dieser marokkanischen Süßspeise verleihen die Samen einem ganz schlichten Gericht Textur, Aroma und Farbe. Sie können dieses Joghurt zum Frühstück oder als gesunden Snack zu jeder beliebigen Tageszeit verzehren, oder es mit einem zart duftenden Zitrusfrucht-Salat als fabelhaftes Dessert reichen.

FÜR 3–4 PERSONEN
300 ml griechischer Joghurt
2–3 reife Granatäpfel
1 kleines Bund Minze, fein gehackt
Honig oder Zucker, nach Belieben

Für den Grapefruitsalat
2 rote Grapefruits
2 rosafarbene Grapefruits
1 weiße Grapefruit
1–2 EL Orangenblütenwasser

Zum Dekorieren
1 Handvoll Granatapfelsamen
Minzblätter

1 Den Joghurt in eine Schüssel geben und gut schlagen. Die Granatäpfel aufschneiden und die Kerne herausholen. Die Granatapfelkerne und die gehackte Minze mit dem Joghurt verquirlen. Nach Wunsch mit ein wenig Honig oder Zucker süßen, dann bis zum Servieren kalt stellen.

2 Die roten, pinkfarbenen und weißen Grapefruits filetieren; die Frucht dabei über eine Schüssel halten, um die Säfte aufzufangen.

3 Die Innenhäute wegwerfen und die Fruchtsegmente mit dem aufgefangenen Saft mischen. Mit dem Orangenblütenwasser besprenkeln und nach Belieben ein wenig Honig oder Zucker hinzufügen. Sanft mischen, dann mit ein paar Granatapfelkernen dekorieren.

4 Den gekühlten Joghurt mit den Granatapfelkernen und den Minzblättern bestreuen und mit dem Grapefruitsalat servieren.

Variationen
Alternativ können Sie eine Mixtur aus Orangen und Blutorangen verwenden, vielleicht auch noch mit dünnen Zitronenspalten versetzt. Auch Limonenspalten können mit den Grapefruits kombiniert werden und auch Mandarinen sind gut verwendbar. Die Idee ist einfach, einen duftig erfrischenden Salat zu kreieren, sodass man sogar auf saftige Melonen oder Kiwi ausweichen könnte.

Pochierte Birnen in aromatischem Honigsirup

Von alters her hat man Obst gerne in Honig pochiert. Die Römer haben es getan und ebenso die Perser, Araber, Mauren und Osmanen. Die Marokkaner führen diese Tradition fort, indem sie ein wenig Orangenschale oder Anissamen hinzufügen, oder sogar Lavendel, um dem Obst ein subtiles Aroma zu verleihen. Von zartgelber Farbe und hübsch anzuschauen, verleihen diese parfümierten Birnen einer marokkanischen Mahlzeit zum Abschluss eine exquisite Note.

FÜR 4 PERSONEN

3 EL klarer Honig
Saft von 1 Zitrone
250 ml Wasser
1 Prise Safranfäden
1 Zimtstange
2–3 getrocknete Lavendelstiele
4 feste Birnen

1 Den Honig und den Zitronensaft in einem schweren Topf erhitzen, in den die Birnen gut hineinpassen. Bei sanfter Hitze rühren, bis der Honig sich aufgelöst hat. Das Wasser, die Safranfäden, die Zimtstange und die Blüten von 1–2 Lavendelstielen hinzufügen. Die Mixtur zum Kochen bringen, dann die Hitze reduzieren und 5 Minuten köcheln.

2 Die Birnen schälen, die Stängel jedoch nicht entfernen. Die Birnen dann in den Topf geben und unter regelmäßigem Wenden und Begießen 20 Minuten köcheln, bis sie weich sind. Im Sirup abkühlen lassen und bei Zimmertemperatur servieren, dekoriert mit ein paar Lavendelblüten.

Aprikosenpäckchen mit Honigglasur

Diese Päckchen können auch mit getrockneten, in Sirup pochierten und dann gefüllten Aprikosen hergestellt werden, aber ich benutze lieber frische Früchte, da sie dem ansonsten süßen Gericht eine herbe Saftigkeit verleihen, welche die Trockenfrucht nicht besitzt. Sie können die Filoteig-Päckchen in jede beliebige Form oder Größe bringen, aber sorgen Sie dafür, dass sie offen bleiben, damit die Frucht und der Teig von der Honigglasur profitieren.

FÜR 6 PERSONEN

200 g blanchierte Mandeln,
   gemahlen
115 g Zucker
2–3 EL Orangenblüten- oder
   Rosenwasser
12 Aprikosen, aufgeschnitten
   und entkernt
3–4 Blätter Filoteig, in 12 Kreise
   oder Quadrate geschnitten
2 EL klarer Honig

1 Den Backofen auf 180 °C vorheizen. Mit den Händen, einem Mixer oder einer Küchenmaschine die Mandeln, den Zucker und das Orangenblüten- oder Rosenwasser zu einer weichen Paste formen.

2 Die Paste in etwa walnussgroße Klümpchen teilen und diese zu Bällchen rollen. In jede aufgeschnittene Aprikose ein Bällchen pressen und die Frucht dann sanft zudrücken. Die gefüllte Aprikose auf ein Stück Filoteig setzen, die Teigblätter hochklappen, um die Frucht zu umschließen, und dann die oberen Ränder aufbiegen, Mit den verbleibenden Aprikosen und dem übrigen Filoteig wiederholen.

3 Die Filoteig-Päckchen in eine flache, ofenfeste Form geben und den Honig darüber träufeln. 20–25 Minuten backen, bis der Teig knusprig und die Frucht oben gebräunt ist. Heiß oder kalt servieren, mit Sahne, Crème fraîche oder einem Löffel Joghurt dazu.

Süßer Couscous mit Fruchtkompott

Couscous gibt es nicht nur mit würzigen Zutaten, sondern auch in süßer Variante als Nachtisch oder als nährreiches Frühstück. Diese sättigende und nahrhafte Süßspeise macht sich gut mit einem Kompott aus Trockenfrüchten, und sie ist bei Kindern in Marokkos bergigen Regionen, wo die Winter lang und kalt sein können, besonders beliebt. Machen Sie das Kompott ruhig so süß und cremig, wie Sie möchten. Gerade wenn es draußen kalt ist, kann man sich nichts Wärmenderes vorstellen.

FÜR 6 PERSONEN
300 ml Wasser
225 g Couscous Medium
50 g Rosinen
50 g Butter
50 g Zucker
120 ml Milch
120 ml süße Sahne

Für das Früchtekompott
225 g getrocknete Aprikosen
225 g entkernte Pflaumen
115 g Sultaninen
115 g blanchierte Mandeln
175 g Zucker
2 EL Rosenwasser
1 Zimtstange

1 Das Früchtekompott ein paar Tage im Voraus zubereiten. Die Trockenfrüchte und die Mandeln in eine Schüssel legen und gerade genug Wasser zugießen, bis sie bedeckt sind. Den Zucker und das Rosenwasser sanft einrühren und die Zimtstange hinzufügen. Abdecken und die Früchte und die Nüsse 48 Stunden einweichen, wobei das Wasser und der Zucker einen schönen goldfarbenen Sirup bilden werden.

2 Für den Couscous in einem Topf das Wasser zum Kochen bringen. Den Couscous und die Rosinen einrühren und 1–2 Minuten sanft köcheln, bis das Wasser verdampft ist. Den Topf vom Herd nehmen, fest verschließen und den Couscous

10–15 Minuten im Dampf weitergaren. Inzwischen das Kompott auf niedriger Hitze pochieren, bis es gut durchgewärmt ist.

3 Den Couscous in eine Schüssel geben und die Körner mit den Fingerspitzen trennen. Die Butter schmelzen und über den Couscous gießen. Den Zucker einstreuen, dann mit den Fingerspitzen die Butter und den Zucker in den Couscous reiben. Die Mixtur in sechs Schälchen verteilen.

4 In einer kleinen, schweren Pfanne die Milch und die Sahne zusammen

bis zum Siedepunkt erhitzen, dann über den Couscous gießen. Sofort mit dem Fruchtkompott servieren.

Variationen
Der Couscous kann auch pur serviert werden, und statt Kompott dazu zu reichen, kann man ihn auch einfach mit klarem oder geschmolzenem Honig beträufeln. Auch das Kompott lässt sich wunderbar pur als Kaltspeise servieren, gerne auch mit einem Löffel Joghurt.

Gebräuntes Mulhalbia mit Rosenblütenmarmelade

Dieser klassische Milchpudding, beliebt im ganzen Mittleren Osten und in Nordafrika, ist mit Orangenblütenwasser aromatisiert, aber Sie können stattdessen auch Rosenwasser oder Vanille benutzen. Die marokkanische Variante wird normalerweise mit gemahlenen Mandeln und Zimt verziert, aber zur Abwechslung wird hier die Oberseite karamellisiert und mit ein wenig Rosenblütenmarmelade vollendet. Sie können Rosenblütenmarmelade mit den duftenden Blüten aus Ihrem eigenen Garten selbst herstellen, aber die Marmelade ist auch in den meisten Orient-Shops fertig erhältlich.

FÜR 4–6 PERSONEN

50 g Reismehl
900 ml Milch
115 g Feinzucker, plus 30–45 g
1 EL Orangenblütenwasser,
   zum Beträufeln
2–3 EL Rosenblütenmarmelade,
   zum Anrichten

1 In einer Schüssel das Reismehl mit ein wenig Milch vermengen, um einen dünnen Teig herzustellen. Die verbleibende Milch in einen Topf gießen. Den Zucker hinzufügen und unter ständigem Rühren zum Kochen bringen.

2 Die Hitze reduzieren und einen oder zwei Löffel heiße Milch in den Reismehlteig rühren, diesen dann in den Topf gießen. Die so entstandene Mixtur unter ständigem Rühren zum Kochen bringen. Das Orangenblütenwasser zugeben, dann die Hitze reduzieren und 20–25 Minuten sanft köcheln, bis die Mixtur ziemlich dick wird. In hitzefeste Servierschalen gießen und abkühlen lassen, sodass sich oben eine Haut bildet.

3 Den Grill auf höchster Stufe vorheizen. Jedes Dessertschälchen großzügig mit Feinzucker bestreuen und dann unter den Grill stellen, bis der Zucker schmilzt und bräunt, jedoch aufpassen, dass der Zucker nicht verbrennt. Abkühlen lassen und dann kalt stellen. Mit einem Klecks angewärmter Rosenblütenmarmelade servieren.

Joghurtkuchen mit Pistazien und Passionsfrüchten

Es gibt Joghurtkuchen, die sind trocken und werden zum Tee gereicht, andere sind in Zitronensirup getränkt und werden bei Zimmertemperatur genossen. Dieser hier ist warm ebenso köstlich wie gekühlt und mit einem Klecks Crème fraîche oder Joghurt und einem Löffel frischer Passionsfrucht schmeckt er besonders fein. Diese Art von feuchten Kuchen kommen in Marokko nicht unbedingt nur als Nachspeise auf den Tisch, sondern sie können zu jeder Tageszeit und Gelegenheit vernascht werden.

FÜR 4–6 PERSONEN

3 Eier, getrennt
75 g Feinzucker
Mark von 2 Vanilleschoten
300 ml griechischer Joghurt
abgeriebene Schale und Saft
  von 1 unbehandelten Zitrone
1 EL Mehl
1 Handvoll Pistazien, grob gehackt
4–6 EL Crème fraîche
4–6 frische Passionsfrüchte oder 50 g
  Sommerbeeren, zum Anrichten

1 Den Backofen auf 180 °C vorheizen. Ein 25 x 25 cm großes hitzebeständiges Gefäß mit Backpapier auslegen und gut einfetten.

2 Die Eigelbe mit zwei Dritteln des Zuckers verquirlen, bis sie blass und schaumig sind. Das Vanillemark einrühren und den Joghurt, die Zitronenschale und -saft und das Mehl einrühren. In einer separaten Schüssel die Eiweiße steif schlagen, dann nach und nach den Rest des Zuckers dazu mixen, bis weiche Spitzen entstehen. Den Eierschaum in die Joghurtmixtur geben. Die Mischung dann in die eingefettete Form geben.

3 Die Form in einen Bräter geben und kaltes Wasser eingießen, das bis etwa über die Hälfte der Außenseite der Form reicht. Etwa 20 Minuten backen, bis der Teig aufgegangen

und gerade fertig ist. Die Pistazien über den Kuchen streuen und weitere 20 Minuten backen, bis die Oberfläche gebräunt ist.

4 Den Kuchen warm oder gekühlt servieren, mit Crème fraîche und einem Löffel Passionsfrucht auf der Oberfläche dekorieren. Alternativ einfach ein paar Sommerbeeren wie rote oder schwarze Johannisbeeren oder Blaubeeren darüber streuen.

M'Hanncha

Die Schlange, oder M'Hanncha, wie das Gericht im Arabischen heißt, ist Marokkos berühmteste Süßspeise. Das spiralenförmig gewickelte Gebäck sieht beeindruckend aus und schmeckt einfach göttlich. Der knusprige, buttrige Filoteig ist mit Mandelpaste gefüllt, und diese wiederum wurde mit Zimt und Orangenblütenwasser aromatisiert. Servieren Sie M'Hanncha als Dessert oder als Nachmittagssnack zusammen mit Minztee. Jeder Marokkaner, egal ob jung oder alt, ist mit diesem Gebäck aufgewachsen, daher wäre ein Buch über marokkanische Küche ohne dieses Rezept nicht vollständig.

FÜR 8–10 PERSONEN
115 g blanchierte Mandeln
300 g gemahlene Mandeln
50 g Puderzucker
115 g Feinzucker
115 g weiche Butter, plus 20 g
　　extra zum Kochen der Nüsse
1–2 EL gemahlener Zimt
1 EL Orangenblütenwasser
3–4 Lagen Filoteig
1 Eigelb

Für das Topping
Puderzucker
gemahlener Zimt

1 Die blanchierten Mandeln in ein wenig Butter anbraten, bis sie goldbraun sind, und dann mit einem Stößel in einem Mörser mahlen, bis sie aussehen wie grobe Brotkrumen. Die Nüsse in eine Schale geben und die gemahlenen Mandeln, den Puderzucker, den Feinzucker, die Butter, den Zimt und das Orangenblütenwasser hinzufügen. Die Mixtur mit den Händen zu einer glatten Paste kneten. Zudecken und etwa 30 Minuten in den Kühlschrank stellen.

2 Den Backofen auf 180 °C vorheizen. Die Filoteigblätter aufgeklappt zu einem Stapel legen, damit sie nicht austrocknen, und das oberste mit ein wenig geschmolzener Butter bestreichen. Einen Klumpen Mandelpaste nehmen und zu einem Finger rollen. An den Rand der Längsseite des obersten Filoteigblatts legen, dieses dann zu einer daumendicken Rolle rollen, die Enden fest zuklappen, damit die Füllung nicht herausrinnt. Diesen Vorgang mit den anderen Filoteigblättern wiederholen, bis die Füllung aufgebraucht ist.

3 Eine große, runde Backform oder ein großes Backblech einfetten. Eine der Filoteig-Rollen mit beiden Händen aufnehmen und sie sanft von beiden Seiten zusammendrücken wie ein Akkordeon, um den Teig zu entspannen, bevor er in die Mitte der Form oder des Blechs gelegt und eingerollt wird. Dies mit den anderen Rollen wiederholen, immer eine an die andere anlegen, sodass eine feste Spirale oder eine eingerollte Schlange entsteht.

4 Das Eigelb mit ein wenig Wasser vermischen und das Gebäck damit bestreichen, dann 30–35 Minuten backen, bis es knusprig und leicht gebräunt ist. Das frisch gebackene Teigwerk großzügig mit Puderzucker bestreuen und mit Zimtlinien in Form von Radspeichen verzieren. Bei Zimmertemperatur servieren.

Minztee

Minztee, genannt Atay Bi Nahna, ist das marokkanische Nationalgetränk und wird zu jeder Tageszeit getrunken, am Morgen zum Frühstück, später am Tag beim Feilschen, Geschäftemachen oder einer Ruhepause in der Stadt, und nicht zuletzt auch am Ende einer Mahlzeit, um die Verdauung zu fördern. Er ist eine Mischung aus chinesischem Gunpowder-Grüntee und frischer Minze und wird traditionell mit mindestens vier Zuckerwürfeln pro Tasse oder Glas gesüßt. Es gibt nichts, was an einem heißen Tag erfrischender sein könnte.

Für 2 Personen
2 TL chinesischer Gunpowder-
   Grüntee
1 kleines Bund Minzblätter
Zucker nach Belieben

1 Den Tee in eine kleine Kanne geben und mit kochendem Wasser übergießen. Die Minzblätter hinzufügen und 2–3 Minuten ziehen lassen.

2 Nach Belieben zuckern und in Teegläser oder Tassen füllen.

Minztee servieren
An Festen oder bei besonderen Gelegenheiten kann die Zubereitung von Minztee zu einer ausgefeilten Zeremonie werden: Dann wird der beste Grüntee ausgewählt und nur frische Pfefferminze (*Mentha spicata*) benutzt, von der es eine Sorte namens Marokkanische Minze gibt. Der Aufguss wird in eine bauchige, silberplattierte Teekanne gegeben und später wird der stark gesüßte Tee in einer rhythmischen Bewegung in feine Gläser gegossen. Um dem Getränk einen festlichen Touch zu verleihen, kann man eine frische, duftende Orangen- oder Jasminblüte in jedes Glas obenauf legen. Im Winter wird manchmal Wermut zugegossen, um noch mehr Wärme zu schaffen. Auch ist es üblich, Tee mit Anissamen oder Eisenkraut zu aromatisieren.

Register

A

Aprikosenpäckchen mit Honigglasur 74

Artischockenherzen mit Ingwer, Honig und Salzzitronen 21

Artischockenherzen-Orangen-Salat 65

B

Beghrir 34

Bissara-Dip mit Zahtar 19

Butternusskürbis mit karamellisierten Schalotten 46

C

Chermoula 12

Couscous mit getrockneten Früchten und Nüssen 63

F

Feurige Hähnchenflügel mit Blutorangen 52

Fisch-Chermoula-Pastetchen 40

Fischküchlein mit Gurken-Zimt-Salat 25

Frittierte Baby-Kalmare mit Ingwer und Koriander 23

Frühlingsrollen mit Hühnchen 42

G

Gebratene Entenschenkel mit Quitte, Ingwer, Honig und Zimt 54

Gebratene Karotten mit Mango und Ingwer 64

Gebratene Lammhaxe mit Datteln und Mandeln 55

Gebratene Wachtel mit Weintrauben 53

Gebräuntes Mulhalbia mit Rosenblütenmarmelade 76

Gegrillte Auberginen mit Honig und Gewürzen 22

Gegrillter Fisch in Weinblättern mit süß-saurer Chili-Soße 48

Gegrillter Schwertfisch mit gerösteten Zimt-Tomaten 50

Gekühlte Mandel-Knoblauch-Suppe mit Trauben 29

Geröstete rote Paprikaschoten mit Feta, Kapern und Salzzitronen 20

Gewürzte Kürbisspalten mit Spinat 67

Gewürzte Sardinen mit Grapefruit-Fenchel-Salat 49

Granatapfeljoghurt mit Minze und Grapefruitsalat 72

H

Harissa 13

J

Joghurtkuchen mit Pistazien und Passionsfrüchten 77

K

Kefta mit Ei und Tomate 43

Kesra 35

Kichererbsen-Linsen-Suppe mit Fenchel-Honig-Brötchen 26

Kurz gebratener Thunfisch mit Chili und Brunnenkresse-Salat 51

L

Linsensalat mit roten Zwiebeln 61

M

Majoun im Sesammantel 37

Mandel- und Pistazien-Eiscreme 71

M'Hanncha 78

Minztee 79

O

Ouarka 14

P

Pastete mit Ei und Cashewnüssen 39

Pita mit Huhn und Salat 41

Pochierte Birnen in aromatischem Honigsirup 73

R

Rotbarbe mit Chermoula und Salzzitronen 47

Rote-Bete-Salat mit Orangen 60

S

Salat aus sautierten Kräutern mit Chili und Salzzitrone 62

Salate aus Dicken Bohnen und Karotten 66

Salzzitronen 12

Samtige Kürbissuppe mit Reis 30

Sautierte Hühnerlebern mit gerösteten Haselnüssen 28

Scharfe Kochbananen-Snacks 38

Scharfe Rinderhack-Kebabs mit Kichererbsen-Püree 56

Scharf-würzige Garnelen mit Koriander 24

Smen 15

Sommerliche Gemüse-Kebabs mit Harissa-Joghurt-Dip 57

Süßer Couscous mit Fruchtkompott 75

T

Tabil 15

Tomaten-Kürbis-Suppe mit Ras el Hanout 31

W

Wassermelonen- und Orangen-Granitas 70

Würzige, gefüllte Röllchen 36

Z

Zahlouk mit Zucchini und Blumenkohl 18

Zahtar 15

Die ideale Ergänzung zu dem vorliegenden Buch:

Eine große Auswahl an Tajine- und Couscous-Rezepten finden Sie in dem Buch „Nord-Afrikanische Küche" von Ghillie Başan (erschienen 2018 bei Edition XXL, ISBN 978-3-89736-193-5).

Danksagung der Verfasserin

Meine Reisen nach Nordafrika und in den Mittleren Osten sind auch in kulinarischer Hinsicht immer ein besonderer Genuss und ich habe dort Unterstützung und Gastfreundschaft in so reichem Maße erfahren, dass ich hier unmöglich allen danken kann. Maßgeblich für meine Recherchen war jedenfalls das wunderbare „Traditional Moroccan Cooking" von Zette Guinaudeau.

Erstveröffentlichung unter dem Titel: „Recipes from a Moroccan Kitchen" © Aquamarine, ein Imprint von Anness Publishing Ltd, 2015

Genehmigte Lizenzausgabe
EDITION XXL GmbH
Industriestraße 19
64407 Fränkisch-Crumbach 2019
www.edition-xxl.de

Übersetzung: Elvira Bittner
Design: SteersMcGillan Ltd
Fotografie: Martin Brigdale
Styling: Helen Trent

ISBN 978-3-89736-818-7